岡本隆司
Takashi Okamoto

「中国」の形成

現代への展望

シリーズ　中国の歴史⑤

岩波新書
1808

いま、中国史をみつめなおすために――シリーズ 中国の歴史のねらい

中国は近くて遠い国である。

かつて筆者たちが物心ついたころ、中国に渡航できなかったし、そこで何が起こっているのかも、よくわからなかった。一衣帯水というほど、近距離にある。それなのに、何もみえないもどかしさがあった。

半世紀たった今は、どうだろう。渡航はほとんど自由、おびただしい人々が行き来している。一衣帯水はほんとうに近い。関係も深まった。善かれ悪しかれ、とても重要な国である。

それでも、現在のわれわれに中国・中国人が見えているであろうか。表面をいくら注視しても、その内実はあいかわらず謎である。近くなったはずの中国は、まだまだ遠い。

その謎に近づく一法は、歴史を繙くにある。人を知るにも、まず履歴書をみるはずだ。目前の中国もやはり同じ、過去の履歴にこそ、その核心にアプローチできる足がかりが隠れている。

もっとも、中国の歴史といえば、これまでいくたりの大家が書いてきた。そこには、共通する一定のパターンがある。いわば時代輪切りの編成で、時系列にそってわかりやすい。

しかし中国は巨大である。ヨーロッパよりも広く人も多い。ヨーロッパは十数カ国、国ごとに別の歴史を書く。つまりは多元多様なので、それに応じた歴史でなくてはならない。

かたや中国はどうか。多国籍でないにせよ、劣らず多元的なはずだが、従前の中国史はそこをとらえきれなかった。「中国」という自明の枠組みを時代ごとにみるだけだったからである。かつての王朝交代史観と大差ないし、特定のイデオロギーと親和しかねない。グローバル化の現代にふさわしい、多様な中国の顔と姿に迫れる中国史の叙述が必要であろう。

そこで本シリーズは多元性をモチーフに、次頁のイメージで五巻構成にした。1巻は東アジアの文明が黎明を迎え、多元性が顕在化する過程を描き、2巻は開発がすすみ、経済文化の中心として台頭する南方の歴史を述べる。3巻は外から絶えず影響を及ぼし、ついに中国と一体となる草原世界を論じる。4巻は海の比重が増し、南北にくわえ海陸の多元化が強まる時代を叙述し、5巻はこれをうけ、そうした多元性から出発して、現代中国につながる歴史をみる。

シリーズを通じて、遠くて多様な中国の履歴書が一望できたなら、望外の喜びである。

執筆者一同

本シリーズの構成

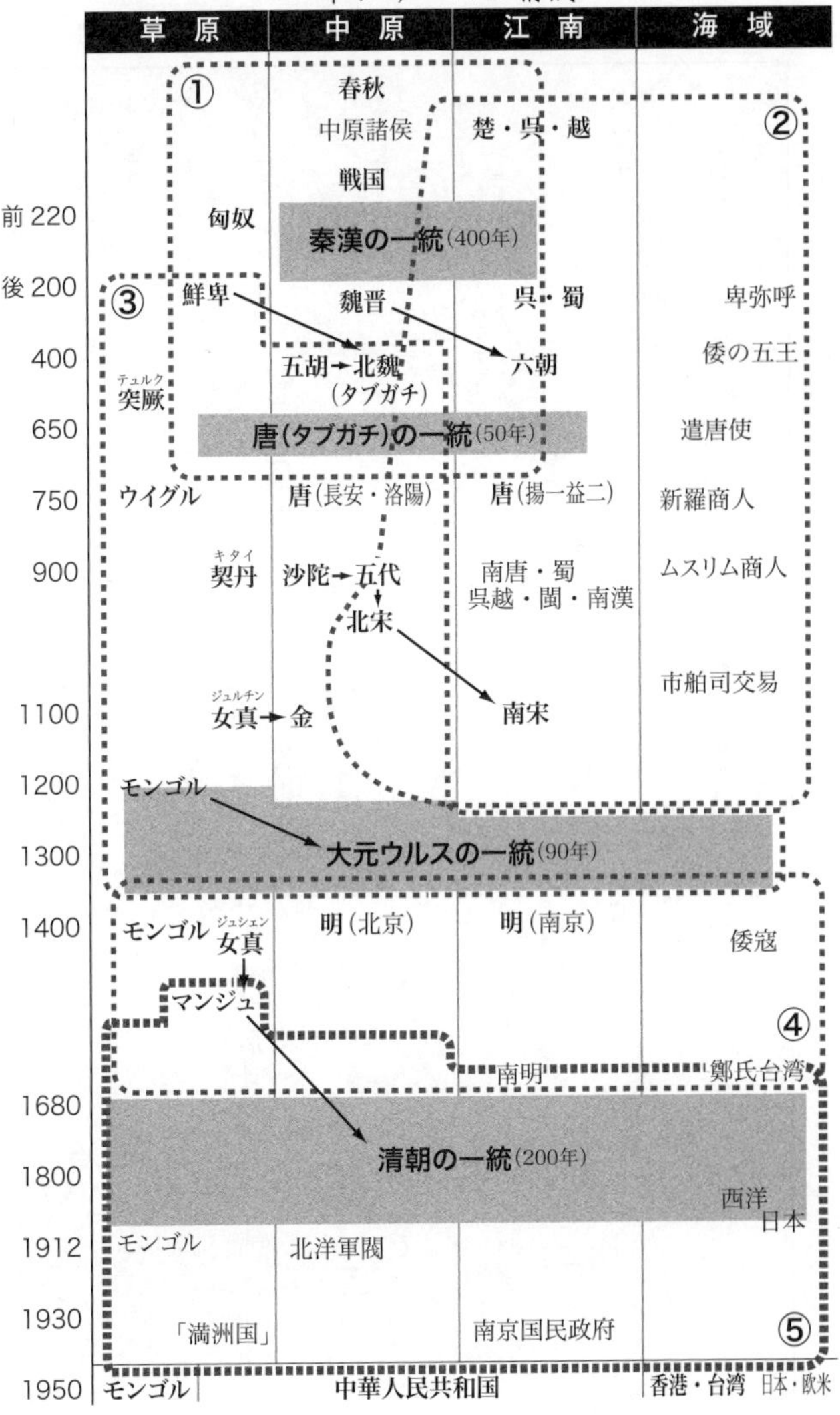
草原
中原
江南
海域
①
②
③
④
⑤
春秋
中原諸侯
楚・呉・越
戦国
前220
匈奴
秦漢の一統(400年)
後200
鮮卑
魏晋
呉・蜀
卑弥呼
400
五胡→北魏
(タブガチ)
六朝
倭の五王
突厥《テュルク》
650
唐(タブガチ)の一統(50年)
遣唐使
750
ウイグル
唐(長安・洛陽)
唐(揚一益二)
新羅商人
900
契丹《キタイ》
沙陀→五代
北宋
南唐・蜀
呉越・閩・南漢
ムスリム商人
市舶司交易
1100
女真《ジュルチン》→金
南宋
1200
モンゴル
1300
大元ウルスの一統(90年)
1400
モンゴル
女真《ジュシェン》
明(北京)
明(南京)
倭寇
マンジュ
南明
鄭氏台湾
1680
清朝の一統(200年)
1800
西洋
日本
1912
モンゴル
北洋軍閥
1930
「満洲国」
南京国民政府
1950
モンゴル
中華人民共和国
香港・台湾
日本・欧米

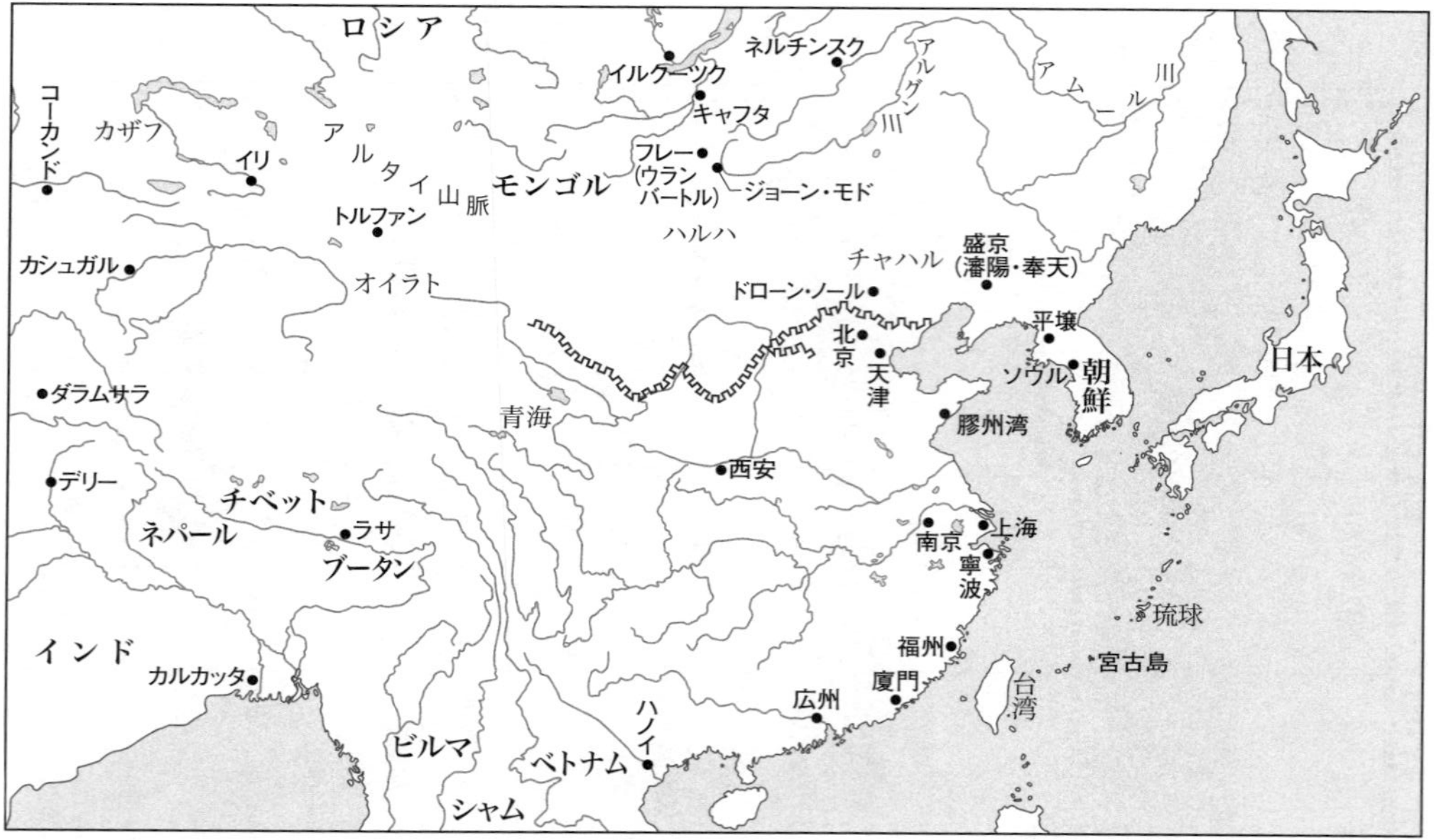

16〜20世紀の東アジア

はじめに——カオスのなかから

「一七世紀の危機」

一六世紀をしめくくる一六〇〇年、といえば、少しでも歴史を知る人なら、必ず憶えている年であろう。日本は天下分け目の関ヶ原の合戦。相剋・争乱に明け暮れた戦国時代も、ようやく収束に向かう日本史上の一大事件である。

もちろんこの年、だしぬけにおこった出来事ではない。戦国というるつぼの混沌・流動が、ようやく一つのまとまった形をなしてきた最終局面であると同時に、いわゆる近世日本の幕開けでもあった。

しかし混沌というなら、列島に限った話ではない。どうやら同時代、地球規模・世界共通の事象だった。当時の世界はいうまでもなく、大航海時代である。

一六世紀の大航海時代といって思い浮かべるのは、コロンブスにマゼランたち、勇敢な航海者が大洋を股にかけて渡航した冒険事業、あるいはザビエルやリッチら、宣教師が異境に飛び込んで従事した布教活動ではなかろうか。日本史にも、南蛮渡来としてあらわれた現象である。

もちろんそうした著名な人名・事件は重要ながら、そればかりにとどまらない。もっと名も無き動向に目を向けよう。冒険者の大航海時代とは、同時に世界的な商業ブームの時代だった。各地どこにとっても、新奇な産物が駆けめぐり、交易が過熱してくる。未曽有の事態だった。

そのために従前の秩序構造がたちゆかなくなって、多かれ少なかれ混乱・紛争が生じ、在来秩序の再編・再建を迫られた。これもどうやら、洋の東西を問わない世界通有の現象である。

カオス現象は通有といいながら、もちろん日・欧・亜、同じ外形・内容のはずもない。各々個性がある。日本では戦国の群雄割拠がそれにあたるし、ヨーロッパではスペイン・ポルトガルの植民地帝国の建設と斜陽だった。内憂外患に悩んだ明朝、スレイマンの全盛から転換しつつあったオスマン帝国など、東西のアジアもそれぞれ動揺をきたしている。

日本が戦国の混沌争乱から徳川の一統平和に移ったのは、およそ新しい局面である。世界もほぼ並行して、それまでのカオスから情況が一変をはじめていた。

ヨーロッパではスペインが衰退しはじめ、混乱争覇の時代に移ってゆく。関ヶ原と同じ一六〇〇年は、後発国だったイギリスも東方へ進出すべく、東インド会社を創設した年でもあった。

世界史上その契機になったのが、「一七世紀の危機」とよばれている事態にほかならない。基本的には、気候変動である。つまり一四世紀からはじまっていた寒冷化が、この時いっそう深刻になった。太陽の活動萎縮・エルニーニョ現象・噴火による火山灰雲などの影響をうけたものである。

それまでが大航海時代の商業ブームをうけた好況だったから、かえって事態は深刻となった。商業の活況をもたらしてきた「新大陸」の銀産も、時を同じくして減少している。そうした複合的な要因によって、「一四世紀の危機」に比すべき世界規模の一大恐慌に陥った。

東西の一七世紀

こうした動向を西洋史でたどっていけば、イギリスの世界制覇に結びつく。徳川家康が征夷大将軍となった一六〇三年は、エリザベス一世が崩じた年。イギリスにとっては、「危機」の世紀の幕開けだったかもしれない。しかしその「一七世紀の危機」をへて、「財政=軍事国家」を作り上げたのである。

「財政=軍事国家(fiscal-military state)」とは、国家が税収・公債で効率的に集めた巨大な財源を持って、その資金を効果的に火器・海軍をはじめとする軍事力の革新増強に投入し、それを通じて世界中を収奪することで、いよいよ富強を増すシステムである。こうした軍事・財政の革命は、まさしく「危機」に直面し、それを克服する中で生まれてきた。そしてそのシステムを基盤に、イギリスは産業革命をなしとげ、一九世紀の世界を制覇する。

一六世紀の大航海時代から本格化したグローバル化は、かくて一八世紀を経過して、いっそうの深化をとげた。近年はそれを「大分岐《グレート・ダイヴァージェンス》」という。当代を代表する学説にほかならない。グローバル・ヒストリーと「大分岐」は、いまや世界を席巻して、定説になりつつある。けれどもよく考えてみれば、「大分岐」概念が指す事象それ自体は、めずらしくも新しくもない。早くからいわれてきたことである。産業革命といってもよいし、テイク・オフといってもよいし、近代化といってもよい。いずれにしても、ヨーロッパが突出して世界をリードする、その現象を指す。

ともあれ、だとすれば「一七世紀の危機」とは、はるか近現代に結びつく事象であった。そしてそれが「大分岐」「近代化」であるとするなら、分かれたもう一方のアジアの運命をも、左右したはずである。ヨーロッパの「近代化」のほうは、現代のわれわれもよく知ることだから、くりかえすまでもない。あらためて知らなくてはならないのは、アジアのほうであろう。

実際「大分岐」学説で変わったのは、アジアの位置づけだった。一八世紀のおわり、その分岐が生じる前のヨーロッパと、とりわけ東アジアが経済的に同じ水準、ひいては均質だったとみなしている。だからこそ「分岐」したというのであって、その点、アジアを端から異質で、落伍した存在とみていた従前とちがって、確かに新しい。西欧中心史観の非を悟りはじめた西洋人なりの反省なのであろう。

反省は大いに歓迎したい。しかしそれで、東アジアに対する精確な理解になっているのか、と問われれば、いささかおぼつかない。そのことは別に縷々述べたので、ここであえてくりかえさないけれど、一つ附言するなら、経済指標に目を奪われるあまり、社会構成・統治体制のありかたに対する洞察に乏しいことがあげられよう。

とりわけ中国史について、しかりとする。たとえば本シリーズ「中国の歴史」でみてきたような史実経過を十分にふまえないで、長期的な東アジア史、ひいては世界史を語れるはずはない。グローバル・ヒストリーを語るには、まず東アジアの歴史をみなおしてやる必要があるのである。

近現代のいわゆる「大分岐」はもとより、その前提をなす「一七世紀の危機」、そのまた前提をなす一六世紀以来のカオスは、東アジアの文脈・局面ではどうだったのか。そこをみつめなおす作業は、たんに東アジアにとどまらない。西洋のいわゆる「大分岐」が動かした世界史全体の理解にとっても、やはり重大な課題であろう。

東アジアのカオス

便宜的に「カオス」とはいってきたものの、それはまったく無軌道な紊乱ではない。東アジアでいうなら、既存の一元的・集約的な秩序体系が、現実にすすんだ多元化に即応できなかったところから生じた混乱であった。

一六世紀の明朝は、そうした情況を漢語で「北虜南倭《ほくりょなんわ》」と表現している。北のモンゴル侵攻も、南の倭寇も、政権からみれば深刻な外患、大きな対外的な脅威だったのはまちがいない。危機感をつのらせた物言いではある。

けれども「北虜南倭」を客観的にみれば、当時の世界的な「カオス」化・東アジアの多元化の一端を示す事象だった。陸・海それぞれの勢力が勃興してきた所産である。草原のモンゴル勢力は、つとに明朝と対峙してきたし、海洋から押し寄せる武装貿易業者は、日増しに増えていった。いずれも具体的には、本シリーズ第4巻が詳述した「朝貢一元体制」をとる明朝政権に対するアンチテーゼを意味する。しかしアンチテーゼだけでは争いになるばかり、いかに情勢を安定させるか、試行錯誤をくりかえすしかなかった。

そうしたカオスはヨーロッパと同様、東アジアでも深まりこそすれ、いっこうに収束をみないまま、一七世紀を迎える。西ではいわゆるウェストファリア体制、主権国家の並立・国際関係に行きつくのに対し、東アジアはむしろ異なる道をたどった。

一六世紀を彩った「北虜南倭」、モンゴル・倭寇という勢力のあとをつぐ形で、一七世紀に存在していたのも、やはり多元的な勢力とその相剋である。大別しても東北・南方・海洋それぞれにあった。むしろ事態は多元化を深めつつ、各方面で大きな変化をみせていたのである。目につくものだけでも、遼東での軍閥勢力の興起、沿海でのオランダ勢力の進出、そして中国内での動乱など。いずれも一六世紀の末まで、必ずしも顕著ではなかった、新たな局面だった。

それぞれ時もちがえば、場所も異なる。起こった現象としては、バラバラであった。けれども内的には、相互につながりを有している。空間的にも時系列的にもそうだった。時間の経過とともに、局面こそ移り変わったけれども、事態そのものは一六世紀以来の「北虜南倭」の継続だからである。

その「北虜南倭」も南北別途にあらわれた局面ながら、動因・本質は一つであった。時代が下っても、そこはかわらない。そうした根柢を同じくする多元勢力の相剋が解消し、つながりのほうが顕在化して、やがて一つにまとまってゆく。それが次代に登場した清朝の政治的事業であり、歴史的役割であったといえようか。

明清交代の見取図

明朝の「朝貢一元体制」とは、中・外ないし華・夷を峻別する二分法的世界観にもとづき、自らの「中華」以外の「外夷」を、一律に非「中華」として蔑視する秩序体系である。内外を隔離し、朝貢しか対外関係の存在を認めない方法だったから、「外夷」それぞれのバリエーションに明朝が頓着したケースはきわめて少ない。意識以上に体制としてそうだったのである。

もとより「外夷」の実態は、種々多様だった。たとえば日本人と西洋人は、まったくちがう

多元勢力と清朝

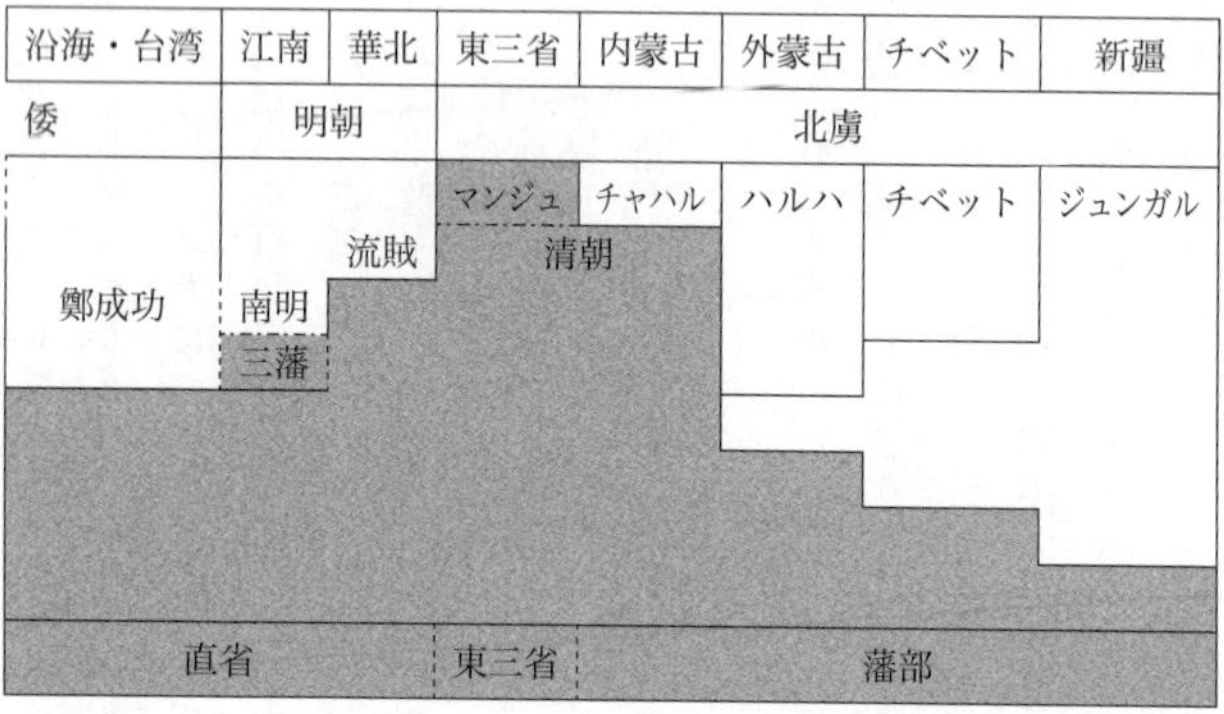

沿海・台湾	江南	華北	東三省	内蒙古	外蒙古	チベット	新疆
倭	明朝		北虜				
			マンジュ	チャハル	ハルハ	チベット	ジュンガル
		流賊	清朝				
鄭成功	南明						
	三藩						
直省			東三省	藩部			

だろう。あたりまえである。にもかかわらず、明朝の制度・体制があまりにも固定的硬直的で、その辨別・把握ができなかった。ひっくるめて「倭寇」「南倭」と表現したのが、その典型である。そうした「外夷」の多様性・多元化に対処しきれなかったところが、そもそも東アジアのカオスの発端となっていた。やがて一七世紀の半ばに、明朝そのものが滅亡し、東アジアの主役は、清朝に交代する。

そうした情況と趨勢をあらかじめ一望すると、上の表1のようになろうか。一六世紀から一八世紀までの動向を大まかに整理したものである。

一六世紀の「北虜」を後継する勢力は、東からマンジュ・モンゴル・チベット・ジュンガルとあって、これが以後、清朝の本体と「藩部」を形成する。

いわゆる「鎖国」を固めた日本が後退するとともに、「南倭」の後をひきついだ中国沿海の海洋勢力は、自

表1　東アジアの

	周辺国	南洋・西洋	日本
16C（明代）	朝貢		南
1616 ヌルハチ即位 1636 大清国建国 1644 入関 1662 南明滅亡 1684 海禁解除 1697 ガルダン敗亡 1720 チベット帰服 1755 ジュンガル滅亡	朝鮮		
18C（清代）	属国	互市	

194〜195頁の表2に続く

立していた廈門《アモイ》・台湾もろとも清朝に吸収され、華人の海洋進出と南シナ海を経由して来航する諸国との貿易関係に転化した。これをひとまず「互市《ごし》」という。

内乱のすえ自壊した明朝の相続も、すんなりとは決まらない。流賊《りゅうぞく》を破った清朝がまず北京・華北を制圧したものの、江南・華南はなお明朝の遺孽《いげつ》が残存し、その排除にはやはり一七世紀いっぱいまでかかった。清朝はそこでようやく、明朝の後継者の地位を確立する。

周辺に位置する諸国は一五世紀以来、明朝の勢威に服する姿勢をとって、朝貢・冊封の関係をとり結んでいた。その関係はおおむね清朝にも継承される。これを当時のことばで「属国」と称した。

世界のなかの清朝

一七世紀の幕が開けた東アジアは、上に列挙した多元勢力がいわば併存、角逐していた。百年を経た一八世紀になると、それがすべて、清朝に合流していることがみてとれる。スケールでいえば、本シリーズ第3巻でみた大元ウルスの復活といってもよい。また外形にとどまらない面も少なくなく、そこは後述でふれよう。

顕著になった自立性を各々があくまで維持すれば、いっそう角逐・争覇が深刻化、長期化し、そうした情勢に応じるシステムの構築がもたらされたかもしれない。たとえば、欧米のような歴史になる可能性もなかったとはいえないだろう。

ウェストファリア体制・国際関係の創出とヘゲモニーの争奪・移転という西洋史・近代史の展開は、多元化した要素を多元のまま固定し、そのうえで一定の秩序を見いだそうとしたものだった。それだけに欧米の近代史は、対立・相剋・戦争がたえない。

それもたしかに世界史の一典型ではあって、やがてその国際関係は世界を席巻し、まったくのグローバル・スタンダードとなってしまった。現代のわれわれは、それをあたりまえとみて疑うことすらしないだろう。

しかし当時の世界全体でみれば、決して普遍的ではない。むしろすぐれて特殊なコースではある。少なくとも東アジアは、そうはならなかった。西洋史と区別するアジア史が有した特徴の一つも、そこにあるとみるべきである。

騒乱やまぬ多元化をいかに収拾したのか。東アジアに限らなかったその世界史的な課題に、東アジアで立ち向かって、一つの答えを出したのが清朝なのである。

目次

第一章　興隆

紫禁城の太和殿（2006年撮影）

一　遼東

ジュシェン

一七世紀初頭の全体的な局面でいえば、表1にあるように、マンジュ人は数ある勢力の一つにすぎなかった。まずはその生い立ちから、あらためて概観しておこう。

しばしば漢語で「塞外《さいがい》」という。漢人からみて、万里の長城の外の北方だからであり、その「塞外」は遼河《りょうが》をだいたいの境として、西は草原、東は森林だった。そうした環境のため、前者の住民は遊牧、後者は狩猟採集を生業に営んでおり、西の遊牧民がモンゴル人なのは、いうまでもあるまい。では東の森林は、といえば、暮らしていたのはジュシェン(女真／女直)人、かつて一二世紀に金王朝を建てた種族の末裔でもある。

かれらの生活も大航海時代の影響をまぬかれなかった。世界規模の商業ブームは、その特産物の人参や真珠、貂皮《ちょうひ》に対する需要を押し上げてゆく。とりわけ大量の金銀を産出した日本列島との関わりが大きい。

朝鮮半島に流れ込んだ日本銀は、絹製品や綿製品など中国物産の買付にあてられ、その一部は銀の対価として、日本へ運ばれる。輸出元の中国の側はもとより、中継の位置にあたる朝鮮半島も、貿易の余沢にあずかって、ジュシェンの産物に対する需要をうみだした。そして、往来交易が頻繁になればなるほど、それにまつわる紛争もふえてくる。

こうして遼東でも、かつて沿海で猖獗した倭寇と同じように交易が活潑化し、武装商業集団の活動が顕著になってきた。漢人がつとに入植した半島をふくむ遼東南部は、明朝の支配下にあり、柵・塁でできた「辺牆《へんしょう》」で区切られた境界は、ジュシェンの住地に楔のように突き出している。商業に依存する軍閥がその内外で、あいついで興ってきた。

ヌルハチの建国

その最後最大の成功者が、ジュシェンのヌルハチ（在位一六一六～一六二六）である。かれは「辺牆」と鴨緑江《おうりょくこう》にはさまれた建州の地を本拠としていた。一五八三年に挙兵、五年後には建州一帯の対抗勢力をほぼ討ち滅ぼし、自立した勢力となる。以下この集団を、ヌルハチが自称したように「マンジュ（満洲）」と呼びたい。

図1　ヌルハチ

西隣の明朝当局はさしあたって、ヌルハチの動きを妨げなかった。その勢力を許容し、安定した交易の窓口としておくほうが得策だったからである。当時は両者が「辺牆」をはさんで共存する態勢にあった。

まもなく起こったのが、豊臣秀吉の朝鮮出兵である。優勢な日本軍に対抗して、明朝が半島に派兵し、莫大な人員・物資が動くと、経路にあたる遼東地方はいっそう経済的に活気づき、ヌルハチの勢力もいよいよ大きくなった。

朝鮮出兵の終結は、とりもなおさず一七世紀の幕開け。当時のマンジュ集団は、近隣のジュシェン部族を圧倒して勢力を拡大、全ジュシェンの統合も見えてくる。

こうなると、ヌルハチの存在を許容していた明朝も警戒を強め、一六一〇年代に入ると、衝突はもはや時間の問題であった。一六一六年、ヌルハチが即位したのも、明朝との来るべき対決にそなえて、体制の整備、内部の結束をはかったからである。

両者の激突は一六一九年、サルフの戦いで現実となった。ヌルハチは明朝と朝鮮の連合軍を破って大勝し、さらにジュシェンのうち、最後までしたがわなかったイェヘ部を打倒、併存する。そして「辺牆」を越え、明朝が領有し漢人が多数をしめる南方の地域に進攻、一六二一年には瀋陽・遼陽を陥れ、まもなく遼東に居住する漢人をも支配下に置いた。百人の挙兵からはじまった武装集団は、華夷混成の社会を基盤とする政権に成長をとげたのである。

ダイチン・グルン

膨脹・西進をつづけるヌルハチは、しかし一六二六年、明朝東方の最後の要衝・寧遠で敗れた。配備されたポルトガル製の大砲・紅夷《こうい》砲《ほう》に屈したのである。その時の負傷がもとで、まもなく逝去した。後を継いだのは、八男のホンタイジ（在位一六二六～一六四三）である。

情勢はいよいよ厳しい。マンジュはヌルハチの敗戦で、軍事上も劣勢に転じていた。ホンタイジは難局を打開すべく、即位早々の一六二七年はじめ、敵対姿勢に転じた南隣の朝鮮王朝に、いきなり遠征軍を派遣した。腹背に敵をうける形勢を恐れての挙だったのであろう。朝鮮側は不意をつかれて大敗を喫し、マンジュに兄事して軍事的に敵対しないなどの条件をのまざるをえなかった。これを「丁卯胡《ていぼうこ》乱《らん》」という。

図2　ホンタイジ

南の脅威をひとまずとりのぞいたホンタイジは、次第に地歩を固めた。その勢力拡大の一大画期をなしたのは、一六三四年のモンゴル遠征である。この勝利で、西隣するチャハル部が帰順した。ホンタイジはこれを機に、チンギス裔の血統で権威が高いチャハル家をとりこんで、皇帝に即位する。年号を崇徳とあらため、国号を「大清国《ダイチン・グルン》」とした。かつてモンゴル帝国の大ハーンが君臨した「大元国《ダイオン・ウルス》」そっくりである。時に一六三六年、いわゆる清朝の成立である。

遼東に居住する満洲《マンジュ》人・漢人の君主であったホンタイジ

は、こうしてモンゴル人にも君臨した。満・蒙・漢三族の推戴をうけて、その共有共通の君主となったため、それにふさわしい地位・肩書も不可欠だったわけである。

ホンタイジ・清朝はこれで、明朝と比肩する地位に立った。漢語・儒教的な理念からいうなら、「皇帝」は天命を受けた天子であるため、天下に一人でなくてはならない。だから明朝からみれば、清朝の帝号僭称はとても許せるものではなかった。明・清はほんとうにあい容れない存在になったのである。

胡乱

明朝ばかりではない。その朝貢国たる朝鮮は、明朝以上に儒教理念に忠実だったから、またもや難局にたたされる。ホンタイジは皇帝即位にあたって、朝鮮にも自分を推戴するよう呼びかけていた。向背の旗幟を鮮明にせよと迫ったのであろう。

案の定、朝鮮政府が拒絶の姿勢を示すと、ホンタイジは大清国皇帝に即位した同じ年の末、十三万の兵をひきいて朝鮮へ親征する。いわゆる「丙子胡乱《へいし》」であり、清韓の関係はふたたび、破局をむかえた。

清軍は鴨緑江をこえ義州《ウィジュ》から攻めこみ、朝鮮国王を南漢山城《ナマンサン》に囲んで屈服させる。時に一六三七年二月二四日。同じく朝鮮の敗れた「胡乱」といっても、その史上の意義において、この丙子胡乱は先の丁卯胡乱の比ではない。講和条件は、朝鮮が明朝との朝貢関係を廃棄し、清朝に対して臣礼をとること、年号の使用もふくめ、その儀礼の手続いっさいは、明朝との旧例に倣うべきこと、などである。

つまりそれは、二百年以上つづいてきた明朝との関係を断った上で、そっくりそのまま清朝に移し換えるにひとしい。こうしなくては、清朝に対するリアルな服従を朝鮮の側に納得させられなかったのである。またそれはとりもなおさず、朝鮮が棄てようとしなかった明朝との関係、また明朝が固執しつづけた東アジア在来の秩序体系そのものを変えることをも意味した。

それだけに清朝も、鷹揚にかまえている余力はない。王世子の瀋陽抑留、歳幣の負担や明朝攻撃の援助など、苛酷な義務を朝鮮に強いなくてはならなかった。強大な明朝の存続するかぎり、とても安堵できなかったのである。

明朝は当時、衰えたとはいえ、なお東アジア第一の大国である。版図の広さはいわずもがな、人口・経済力も頭抜けていた。清朝の存在を決して認めようとしない態度も、あながち虚勢ではない。ヌルハチもけっきょく敗退したし、ホンタイジも明朝と肩を並べる地位に立ってはみたものの、現実に拮抗、打倒できる見通しがあったわけではない。

一六三八年、清軍が長駆迂回し、長城をこえて山東省まで侵攻したことがある。明朝政府は恐慌をきたし、有効な対策を打てないまま、清軍の退却を見送らねばならなかった。けれども清朝に目立った戦果があったわけではない。依然として要衝の山海関《さんかいかん》を抜けず、正面から長城を突破することはかなわなかった。ホンタイジは志を得ぬまま、一六四三年に歿する。

二 入関

ドルゴン

後を嗣いだのは息子のフリン、のちの順治帝《じゅんち》(在位一六四三〜一六六一)だが、なお数え七歳、あまりにも幼少だった。実権を掌握したのは、ホンタイジの弟・睿親王《えいしんのう》ドルゴン(一六一二〜一六五〇)である。かれは明敏冷徹、ホンタイジの後継者としても、有力視されていた人物だった。しかしさすがに無理を悟ったからであろう、一歩退いて順治帝の即位をおしすすめ、摂政王として幼帝の代わりをつとめることにする。清朝もかくて何とか態勢をととのえはしたものの、先の展望の見えぬ苦しい局面ではあった。

ドルゴンは翌一六四四年、明朝へ出兵した。明朝討伐と記す史料もあるものの、その成算があったわけではあるまい。自らの主導権を誇示し、国内を引き締め、あわせて敵情の威力偵察をおこなったものだろう。清朝全体の運命をかえるなど、誰も思っていなかったにちがいない。

いっぽう長城を隔てた明朝治下の中国内は、名状すべからざる混乱がひろがっていた。すでに長く続いた内乱のなか、最も大きな勢力を有した李自成《りじせい》（一六〇六～一六四五）が、北京政府に決戦を挑んだからである。

かれ率いる反乱軍は、元来すぐれて機動的で、各地に転戦をくりかえしたことから、「流賊」と恐れられてきた。ところがこの同じ一六四四年から、地元だった陝西《せんせい》省の西安に入り、国号・元号を定めて、明朝との対決姿勢を鮮明にする。まもなく自らの勢力をこぞって西安を出発、攻撃を開始した。新たな王朝政権の樹立をめざしたのである。

その結果はおそらく贅言を費やすまでもあるまい。「流賊」の首都進撃に臨んで、明側の抵抗らしい抵抗はなかった。およそ一ヵ月のちに北京は陥落、主のはずの崇禎帝は紫禁城外の景山で自縊、明朝はあっけなく滅亡したのである。

図3　ドルゴン

明朝が「流賊」を阻止、撃退できなかったのは、清朝に対する防衛に力を注いでいたからでもあった。その前線に立っていたのは、呉三桂という武将である。かれは遼東の出身、一六四一年から寧遠で、明軍を指揮していた。

明朝政府は「流賊」が北京に迫ると、その呉三桂を首都にもどしたが、間に合わなかった。呉三桂のもとに北京陥落の報がとどいたのは、途上の長城南方の灤《らん》州である。長城東端の要衝、山海関には、ドルゴン率いる清軍が迫っていた。呉三桂は前に「流賊」、後に清軍と挟撃される形勢になって、窮地に立たされる。そこで前線を守る明朝の将軍として、対峙する敵国の清朝に援助を求めた。

図4　呉三桂

対するドルゴンは、さすがに機略縦横、進退窮した呉三桂の苦境をみのがすはずはない。あえて高圧的な姿勢をとって、その帰順を強いた対応は水際だっている。もとより呉三桂の側に、拒む余裕も選択肢もなかった。

そこを見越して進軍をつづけた清朝の側は、この時すでに亡き明朝の後を承け継ぐ、という決意を固めていたことになる。東アジアの世界秩序に歴史的な大転換をもたらす、重大な決断だった。

交代

ドルゴンはかくて、父祖がどうしても突破できなかった山海関を越え、李自成の勢力を駆逐して北京に入った。漢語でこれを「入関」、山海関の内側に入る、という。いわゆる明清交代の瞬間だった。

清朝は北京に腰をすえた以上、もはや明朝が主敵ではない。漢人に君臨すべく明朝の「正統」を継ぐことが、当面の課題となった。縊死した崇禎帝を悼んで喪に服したのみならず、明の十三陵の祭祀を継続したりしたのは、その意味からして当然である。

だから父祖の宿願を果たした、と安穏としていられない。明朝の大乱の中にあえて自ら身を投じたのだから、その収拾を一手に引き受ける覚悟と行動が必要である。

まずは明朝に成り代わって、「流賊」を掃討せねばならなかった。もちろん清朝だけの実力では、とても十分ではない。

ドルゴン・清朝はその点、自らをよくわきまえている。呉三桂ら投降漢人を優遇して、その軍事力を十二分に引き出した。それだけではない。漢人たちのほうもその付託によく応じた。秩序を回復し、維持してゆくため、清朝を存分に利用したというべきだろう。そうした機微は、たとえば表1のようにまとめてしまっては、かえって見えにくい。けれども、いわゆる明清の交代とは、裏面で動いた漢人がむしろ主導した観もある。

「流賊」の李自成は清軍に撃退されると、北京から山西を経て、もと本拠だった陝西にのがれていたが、もちろん追撃はまぬかれない。東から潼関を突破した清軍に敗れ、翌一六四五年に滅んだ。李自成と分かれて四川に勢力を張っていた張献忠も、まもなく討たれて、明末からの叛乱はひとまず終息する。

この間の戦乱で、西方ではおびただしい人命が失われた。とりわけ張献忠の殺戮癖は有名で、かれが拠った四川省は人煙ほとんど絶え、以後の四川の復興と開発は、外来の移民の手になると称せられる。こうした移民は以後もくりかえされ、かれらが実に次の歴史の担い手となっていった。そのいきさつはあらためて述べるだろう。

南明の興亡

清朝は北京に本拠を移し、「流賊」を討ち果たしはした。もっとも地方をみわたせば、現実の情勢はまだまだ不安定である。敵対勢力がいなくなったわけではない。

その最たるものが、南明である。明朝は皇帝のいる北京のほか、太祖が王朝を興した南京に陪都・政府機構を置き、また各地に一族を王に封じていた。崇禎帝が自殺した当時、そうした血縁の諸王がなお健在だったのである。「南明」とはかれらを擁して、明朝の再興をはかった諸勢力の総称であった。

まず清軍の標的になったのは南方の中心、陪都の南京である。ここに万暦《ばんれき》帝の孫・福王を擁立した明朝の後継政権がたてられたからであった。

ドルゴンはこうした自立の動きに痛烈な批判をくわえていう。

流賊が北京を侵して、崇禎帝を亡き者にしたさい、中国の臣民は誰も一矢を報いなかった。

……わが朝が北京に君臨したのも、流賊から取りもどしたものであって、明朝から簒奪したものではない。流賊は明朝の仇敵ではあっても、わが朝の罪人ではなかった。にもかかわらず、われわれは明朝の恥を雪《そそ》いで、大義を明らかにしたのである。いま南方に天子をたてるなら、あえて天に二日《にじつ》あらしめるに等しい。

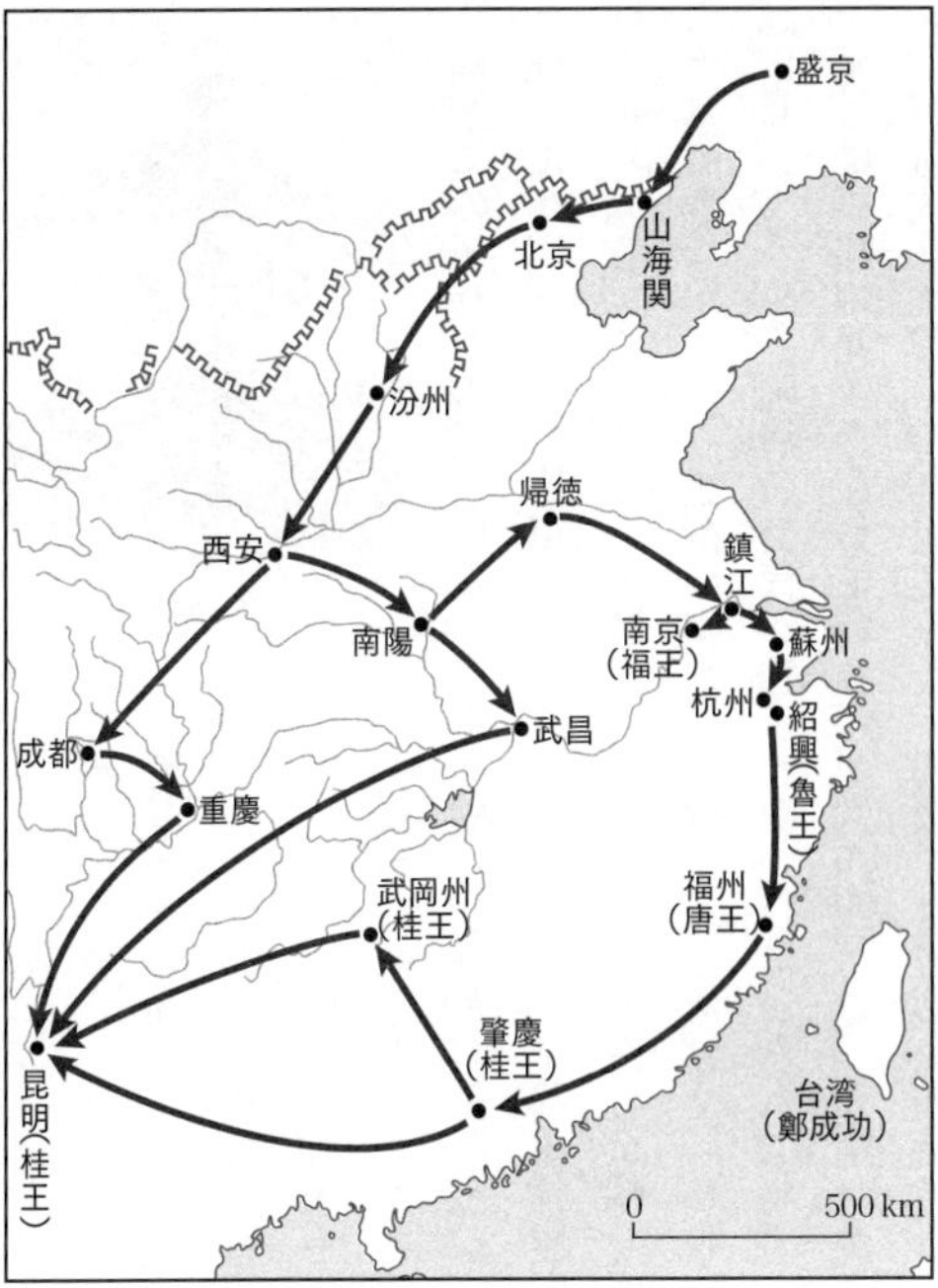

図5　清軍の進攻

要するに、明朝の天命を後継したのは清朝であって、「南明」に正統を主張し、政権をになう資格はない、との宣言である。

しかり。客観的に見ても、まったく資格はなかっただろう。南京の福王政権は敵兵が間近に迫っても、明末の北京政府さながら、内部で党争をくりかえし、マジメに政治軍事にとりくもうとはしなかった。

清軍はその間に、長江をはさんで南京の北に位置する揚州を陥れ、ここで示威の大虐殺をおこなう。まもなく長江をわたって南京を陥れ、福王もとらえられて殺された。

図6　康熙帝

南京が落ちると、また各地で明の一族が自立した。浙江から福建にのがれた唐王・魯王、広東で擁立された桂王などがいる。唐王は帝位に即き、隆武帝と称したが、まもなく清軍の攻撃をうけて亡んだ。魯王は厦門に流れて、後述する海上勢力の庇護下に入る。また桂王も永暦《えいれき》帝に即位して、西南で余喘《よぜん》を保ったものの、追撃をまぬかれることはできなかった。雲南の奥地に逃げこんだあげく、ビルマで捕らえられる。南明もこれで滅亡し、ようやく明清の交代が完了した。時に一六六二年。

元号は康熙《こうき》の元年となっている。一六四四年の「入関」から清朝を率いてきた摂政王ドルゴンは、執政六年、三十九歳で歿し、親政をはじめた順治帝も、その後およそ十年、二十四歳で崩御した。後を嗣いだ康熙帝(在位一六六一～一七二二)はまだ九歳の幼齢、リーダーのあいつぐ早世で、清朝の前途はまだまだ嶮しい。

「三藩」

清朝の「入関」・明清交代は、よく考えてみれば、奇蹟ともいえる。明朝は当時の東アジアで、圧倒的な大国だった。人口を単純に比較しただけでも、清朝は一億人の明朝の一%に満たない。経済・文化はあらゆる面で後者が凌駕していただろうし、圧倒的な物量の差によって、いかに武勇すぐれた満洲人・モンゴル人であっても、軍事面すら優越できたとはいえない。ヌルハチは撃退されたし、ホンタイジも山海関は突破できなかった。

そんな清朝が代わって北京に君臨できたのだから、明朝の政権・組織はよほど疲弊、頽廃していたわけである。そのあらわれが「流賊」から南明にわたる騒乱だった。だから騒乱を鎮めただけで、課題は決して終わらない。二十年近くを費やして達成できたのは、いわゆる「正統」の継承、明・清という政権の交代にすぎず、現実のパワーの整理・統合はなおできていなかった。かつて明朝治下だった漢人をまったく掌握しきったわけではない。ここからがむしろ正念場である。

さしあたっての焦点は、陸上・海上の二方面にあった。まずは前者、南明を平定して反抗勢力がなくなったのちも、華南にはなお大きな勢力が蟠踞していた、いわゆる「三藩」である。「三藩」とは雲南の平西王呉三桂・広東の平南王尚可喜《しょうかき》・福建の靖南王耿継茂《こうけいも》のことをいう。

いずれも明朝の末年、清朝に降った漢人の軍閥である。呉三桂は上述のとおり、尚可喜と耿継茂の父・耿仲明は、「入関」以前から清朝につかえていた武将だった。ドルゴンは「流賊」・南明など残存の抵抗勢力を、主にかれら麾下の部隊に攻撃させており、南明の永暦帝をビルマで捕らえたのも、呉三桂の部隊であった。そんなかれらを藩王に任じたのは、最大の戦功に報いたとはいいながら、異例の厚遇ではある。

藩とか王とかいっても、独自の属領・政府をもったわけではない。直属の軍隊を指揮し、転戦してきたかれらに、清朝は僻遠の治安を維持するため、そのまま軍権を委ね、財政援助を与えつづけたのである。

これには、実際の必要もあった。「流賊」・南明は滅びても、反権力・反清的な勢力がすぐにすべて消滅するわけではない。残滓の受け皿が必要で、呉三桂らの軍団がひとまずその役割をになった。多くの軍兵に俸給をあたえて養っていくには、厖大な費用がかかる。当時の全国税収は、半ば「三藩」に費やされる、とさえいわれた。

康熙帝の勝利

かくて南明が亡び、平時に復しても、「三藩」はなお藩王として、華南に居坐った。大軍を擁し、管内の人事も北京の容喙を許さない。なかんづく当代随一の兵力と戦歴をもつ雲南の呉三桂の存在は、清朝にとってほとんど割拠・敵国同然であった。

そもそも北京の政情が安定していない。幼帝を補佐する権臣は、専横をきわめていた。もとより前代のドルゴンほどの器量もない。みるべき治績もなかったから、康熙帝自身、若年ながらあきたらなかった。それでもすぐには、どうこうできない。八年間の雌伏ののち、皇帝は権臣たちを力づくで排除、ようやく政府の主導権を獲た。この間「三藩」問題が手つかずのままだったのは、いうまでもない。

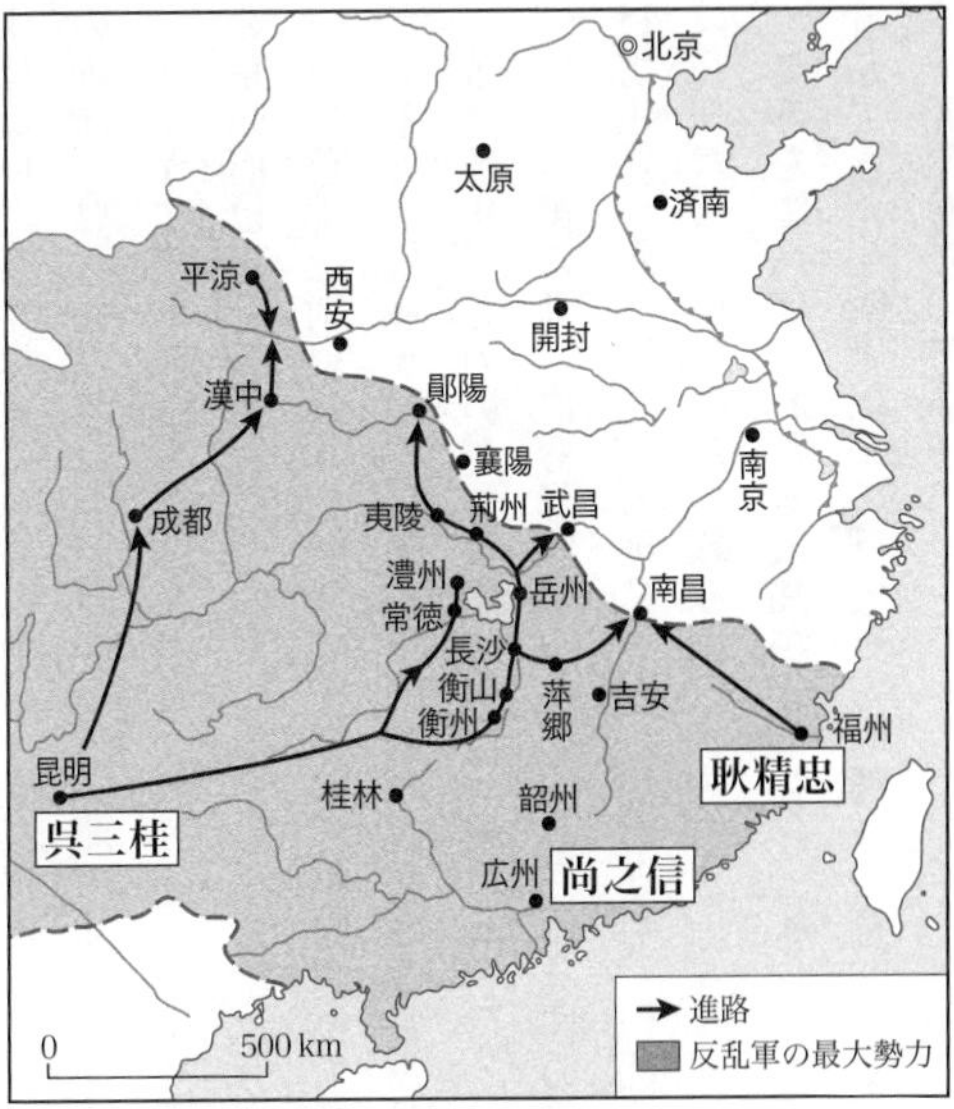

図7　三藩の乱

　局面が動いたのが一六七三年、平南王の尚可喜が老齢のため引退を申し入れた時である。これをうけた康熙帝は、平南王府そのものの撤廃を命じた。ねらいはもちろん尚可喜本人、あるいは後嗣の尚之《し》信《しん》ではない。「三藩」最大の勢力を誇り、擅恣をきわめる呉三桂だった。

　呉三桂じしん、それに気づかぬは

ずはない。青年皇帝の意向が断乎、撤藩にあるとみきわめるや、ついに挙兵した。広東・福建の両藩も呉三桂に与し、いわゆる「三藩の乱」となる。

さすがに漢人最強の軍団だった。呉三桂は緒戦連勝の勢いで、長江中流まで北上、たちまち北京政府は、守勢苦境にたたされる。しかしやはり老齢のなせるわざか、呉三桂は退嬰消極、一挙に首都を衝いたり、経済の中枢の江南を占拠するような勇断はなかった。持久戦の様相を呈すると、境域・富力に勝る清朝側の有利になる。呉三桂軍は岳州から進めなくなった。

苦境数年、しのいだ若き康熙帝は反撃に転じ、「三藩」を各個撃破する。まず福建を下し、ついで広東の尚之信も降服する。病歿した呉三桂の後を継いだ孫の世璠《せいはん》は、三方から攻撃をうけて占領地から撤退、雲南にもどったあとも、包囲攻撃はやまなかった。呉世璠が自殺したのは、一六八一年のことである。

こうして八年にわたる大乱が収束した。それは「流賊」「南明」「三藩」と形をかえながら存続してきた、明末以来の割拠勢力の消滅も意味する。清朝のもとに中国本土《チャイナ・プロパー》の政権は、ようやく一元化したのである。

三　沿　海――互市

鄭成功

清朝に敵対をつづけた勢力のもう一方の中心は、海上にある。その正体はかつて一六世紀、広汎に猖獗をきわめた「倭寇」のなれの果てといってよい。

「倭寇」そのものは一六世紀の末、ひとまず鎮静化した。そもそも世界的な商業ブームでありながら、明朝が祖法の海禁に固執したために、紛争や武力衝突を誘発していたのが「倭寇」である。当局がその海禁をごく限られた形ながら、事実上緩和し、曲がりなりにも海上貿易ができるようになっていた。

けれどもそれで、大陸・政権に反抗的な海上武装勢力そのものが消滅するわけではない。当時それを代表したのが、鄭芝龍《ていしりゅう》（一六〇四〜一六六一）・鄭成功《せいこう》（一六二四〜一六六二）の父子の勢力である。

図8　鄭成功

鄭芝龍は福建人。日本との取引に従事した貿易商人で、千にも上る武装船団を擁していた。やがて拠点を日本の平戸から福建の沿海に移し、かねて台湾に入植していたオランダ東インド会社との貿易で富を築いた。そのかれが平戸藩士の娘との間にもうけたのが、鄭成功である。

「入関」した清朝の江南攻撃で、福建に追われた南明の唐王・魯王は、鄭氏の勢力にたよろうとした。まもなく南明政権で内訌が起こると、鄭芝龍はこれを見限って、清朝に降伏する。しかし息子の鄭成功は、父親と袂を分かって清朝に帰順せず、一族・集団を掌握、廈門に拠って南明政権に与した。

東シナ海の制海権を握って、海上から大陸を攻撃し、江南を奪回するのが、鄭成功の基本戦術である。一六五九年には浙江沿岸から北上、南京にまで迫るほどの勢いをみせ、清朝を狼狽させた。しかしけっきょくは戦線を維持できず、長江から撤退せざるをえなかったのである。

態勢を立て直すため、一六六一年、台湾で勢力をひろげていたオランダ人を駆逐して、本拠をそこに移した。鄭成功じしんは翌年、三十九歳の若さで世を去ったものの、その勢力はなお健在で、以後二代、二十年間にわたって、滅亡した南明の元号「永暦」を使用し、清朝を悩ましつづける。

海禁の復活

清朝にはもともと、外洋で戦える兵力がそなわっていなかったから、鄭氏の勢力には手を焼いた。統治支配がなお沿海に及んでいなかった、と言い換えてもよい。南京ではどうにかその進攻を撃退したけれども、いっそう効果的な対策を打つ必要がある。

そこで南明の勢力もほぼ掃討された順治末年にあたる一六六一年、すでに発布していた海禁令の徹底をこころみた。沿海での交易・漁業を禁じたのみならず、沿岸で人々が居住することも禁止したのである。沿海の住民は海岸から内陸に強制的に移住させた。遷界令という。もちろん大陸と海上の遮断、鄭氏勢力の孤立化と窮乏化を目的とする一種の大陸封鎖だった。

沿岸に暮らす人々を駆逐せよ。といっても、長大な海岸線、実行はさように容易ではない。清朝がつのらせた危機感のほどは理解できる。けれどもどれだけ実行をみて、いかほどの実効をあげたかはわからない。

しかもまもなく華南で、三藩の乱が起こったこともある。遷界令対象の沿海地域は、その勢力範囲が多くを占めていた。禁令は徹底せず、あまり効果はなかった蓋然性が高いとみるべきだろう。

だが鄭氏政権のほうは、もっと苦しかった。台湾に拠点を移してまもなく、大陸への反攻が失敗し、廈門の放棄を余儀なくされ、艦船の大半をも失っている。後継争いの内紛も重なり、その勢力がふたたび盛り返すことはなかった。大陸の三藩が優勢なうちはまだしも、反清勢力が萎靡《いび》振るわなくなるにつれ、沿海も形勢が不利に傾いていったのは、いかんともしがたい。

降服

東シナ海に一大海上王国を築いた鄭氏政権も、一六八一年の三藩の乱平定後は、もはや孤立無援、その命運はいよいよ旦夕《たんせき》に迫った。引導をわたしたのは、施琅《しろう》(一六二一~一六九六)という清朝の水軍司令官である。

かれはもと鄭芝龍の部下で、鄭成功に家族を殺されたことから清朝に降り、鄭氏政権と戦ってきた。このとき総攻撃の責任者となり、廈門で艦隊を編成、一六八三年、澎湖を急襲して、鄭軍の戦力をほぼ奪うに至る。

力尽きた鄭氏政権は、無条件降伏のほかなかった。かれらの拠った台湾も以後、清朝に属することになる。台湾が大陸政権の統治を受けるのは、史上はじめてのことであり、この地も新たな歴史の段階に入った。

鄭成功はかつて南明の隆武帝から、明の国姓「朱」を賜っていた。明朝への忠節を嘉されてのことであり、かれを「国姓爺《こくせんや》」と呼ぶのは、ここに由来する。日本の戯曲「国性爺合戦」のルーツなのは、いうまでもあるまい。

忠臣がめざす旧主の中興というのは、いかにも日本人好みの題材で、それが日本人との混血児であればなおさらだった。海外・異国を股にかけたロマンもあいまって、日本で目立たない明清時代のなか、最もなじみの深い歴史事件の一つとなっている。

北京はそんな「国姓爺」の存在にさんざん手を焼いたけれども、降服した鄭氏政権を康熙帝は、意外にも寛大に処遇した。「反清復明」の姿勢を決して変えず、忠義をつくした明の遺臣だと称賛したからである。

反　復

これは帝個人、ほんとうに感じ入ったこともあろうが、もちろんそんな感情ばかりではありえない。明清交代の正統性に対する配慮がにじむ処置だった。明朝の正しい後継者として漢人に君臨するため、清朝にとっては欠かせなかったパフォーマンスなのだろう。

以上のいわゆる「正統」の問題は、漢人の向背もかかっているから、当事者としてはかなり重大だった。そうはいっても、文脈としては政治理念・イデオロギーの次元にあるものなので、歴史的な本質をさぐるには、それだけでは十分ではない。別の視角からみることも必要である。

鄭氏政権はたしかに、明朝の復興をとなえた。眼前の主観的な目的はまぎれもなく、そうだっただろう。けれどもその勢力を客観的に位置づければ、「倭寇」勢力の末裔であって、明朝政権に敵対した海上武装勢力にほかならない。陸と海の相剋であって、そうした関係に陥る動因とその解消こそ、明代以来の歴史的な課題だった。

明朝が清朝に代わったから、敵も代わっただけのことであり、海禁の大陸と貿易の海上が対峙した構図は、一六世紀の「倭寇」そのままである。陸と海の相剋という同じ事態・情況が、担い手あるいは外形を代えつつ、一七世紀まで続いていた、とみなすのがむしろ正しい。

だとすれば、かつて明代隆慶年間（一五六七〜一五七二）、「倭寇」が武力制圧ののち海禁の緩和で鎮静化した、という史実を構成するパターンも同じだろう。やはり確かに、その担い手・外形を代えて続行していたのである。

清朝でも鄭氏政権を降したのちは、遷界令が不要となったし、まもなく海禁も解除した。沿海の華人の渡航も海外の人々の来航も、以後は可能となる。あわせて沿海の治安も、回復に向かっていった。

「互市」

ここでようやく、前世紀以来の課題だった沿海の秩序構築が成って、清朝の統治も海にまで及んだ。その制度は各地で次第にととのって、のちに「互市」と総称するような形になる。「互市」とは交易、取引をややいかめしくいった漢語である。明代ではあらゆる対外関係は、周辺国の朝貢を通じてしかありえない、という「朝貢一元体制」だったから、「互市」も朝貢と不可分でしか観念されなかった。そうでない「互市」＝交易は、とりもなおさず密輸・不法にほかならない。したがって「互市」とは、そうしたネガティヴなニュアンスもつきまとう言葉だった。

かつての「倭寇」は、その典型である。それが鄭氏政権の降服とともに、いわばようやく合法化された。既存の民間貿易に権力がむやみに介入、干渉し、取引を力づくで規制しては、かえって反抗を誘発し、治安が悪化する。清朝は自らが遼東の武装商業集団だっただけに、その機微はおそらく理屈抜きに感覚でわかっていた。交易をしたい人々が現地で交易をするに任せ、その管理規制もなるべく現地の・事情に明るい所轄の当局に任せる方針をとったのも、そうした事情によるのだろう。

交易の要衝に税関を設け、取引の上前を取って財政収入とするほか、最低限の秩序を保てるように、規則を定めて遵守を求めた。逆にいえば、それ以上のことを北京政府・中央権力が求めることは、原則としてなかったのである。それが最も時宜にかなっていたことは、以後その海上交易・海外貿易が繁栄の一途をたどった経過からもわかる。

たとえば、かねて最大の貿易相手だった日本とは、大航海時代から明末清初まで、「倭寇」や朝鮮出兵などの武力衝突、あるいは「乞師《きっし》」と称した援軍・干渉の要請などがあった。政治的な関係ないし相剋も生じかねない情勢にあったのである。

しかし徳川日本のいわゆる「鎖国」化とほぼ歩調をあわせて、清朝の側も当局は直接的な関与をなるべく手控え、政治的な関係を希薄化していった。おおむね浙江の商人が長崎に来て、貿易をおこなうのみの関係となる。

東南アジアなども同じパターンで、華人が海洋に出て往来する交易が、その多くを占めた。

やがて西洋商人が広州に来航して貿易に従事するようになるが、それは一八世紀以降に本格化する趨勢である。

四　草　原――モンゴル・チベット

ガルダン

海陸の中国はようやく、清朝の掌握に帰し、いわゆる明清交代がようやく完了した。しかし清朝そのものが完成したわけではない。

清朝はいわば偶然・成り行き上、僥倖にめぐまれて、明朝の後継政権にも収まった。けれども清朝は元来、明朝の隣国として出発した別の政権である。明朝を後継したのは、はじめから期していた目標ではなかったから、清朝のすべてを示す事象ではありえない。

清朝はまた、モンゴル帝国の後継者にも擬せられる。正統・正当な後継者といえるかどうかはともかく、清朝は満洲人とモンゴル人が一体になってできた政権だったことはまちがいない。だとすれば、そのモンゴル人の世界が動揺しては、政権が立ちゆかないことを意味する。

モンゴル人の暮らす草原世界は広大無辺、多くの部族とそのリーダーの王公がいたから、清朝がはじめから、すべてのモンゴル人をふくんで成り立っていたわけではない。この一六八〇年代の段階で清朝と一体化したのは、いまの地理的な範囲でいえば、内モンゴルにあたる部分のみである。逆にいえば、それ以外のモンゴルは、さしあたって清朝とは関わりがなかったわけで、康熙帝がちょうど華南・沿海の制圧にいそしんでいるころ、漠北の草原世界では、大きな変動が起こりつつあった。

モンゴルの諸部族は、東方と西方に大別でき、両者あい争い、こもごも隆替してきたのが、その歴史である。明代の歴史でいえば、一五世紀半ばの土木の変で明軍をやぶり、英宗皇帝をとらえたエセン(?~一四五四)は、西の出身であった。一六世紀半ばに北京をも包囲攻撃し、「北虜」と恐れられたアルタン(一五〇七~一五八二)は、東から出た英傑であり、ここからも東西の消長がわかる。そんなパワーバランスは、一七世紀の前半にふたたび東西逆転した。西方のモンゴルは当時、オイラトと称し、東方をハルハという。

当時のモンゴル人の精神的支柱は、チベット仏教であった。モンゴル帝国大元ウルスのクビライからはじまるその信仰も、一七世紀半ばにオイラトがチベットを制覇したことで、ダライラマ五世(一六一七~一六八二)が教主の位に即き、現在にも継続するゲルク派の優位が確立している。オイラトの勢威はかくて、すこぶる盛んに赴いて、ハルハをしのぐようになってきた。

そのなかで登場したのが、オイラト東部・ジュンガル部族のガルダン(一六四四~一六九七)である。かれは誕生後まもなく、前年に亡くなったチベット仏教の高僧の転生者と認定され、十

図9　ダライラマ5世

三歳でチベットへ留学、ダライラマに師事した。修行を終え、故郷にもどったガルダンは一六七一年、異母兄を殺してジュンガル部族の長に収まると、数年のあいだにライバル諸族を打倒し、オイラト全体を統率する地位にまでのぼりつめる。かれは師のダライラマ五世から「天命を受けた王」の称号を授けられて、草原世界の制覇事業に着手した。

ガルダンがまず征服したのは、西方の東トルキスタン、天山山脈の南北にオアシス都市が点在するトルコ系ムスリムの住地である。当時この地に起こった有力者の内紛に乗じて、一六八〇年、武力でかれらに君臨するにいたった。イリ渓谷が以後のジュンガルの本拠となる。

このようにオイラト・ジュンガルは、西方に拡がったばかりではない。東隣のハルハとも関係が悪化したばかりか、それがさらにジュンガルと清朝との全面対決を導くのである。

ハルハの争覇

ハルハでは一六六〇年代に起こった内紛が、二十年以上も続いていた。清朝の康熙帝は自らへの波及を懼れて、調停に積極的で、一六八六年に講和会議を開くところまでこぎつけた。ところがその席上、ハルハのチベット仏教僧ジェブツンダムバ一世(一六三五〜一七二三)がダライラマの名代と同じ席次を占めた僭越に、ダライラマの高弟・ガルダンが激怒したことから、ジュンガルとハルハの関係は決定的に悪化してゆく。

まもなく両者の間で生じた衝突で、ガルダンの弟が殺されると、ガルダンは報復のため、一六八八年に三万の軍をひきいてハルハを攻撃した。敗れたハルハの王公たちは、清朝に庇護を求めて、ゴビ砂漠をこえて逃れてくる。ハルハを制圧したガルダンは、東はモンゴル高原から西はトルキスタンにおよぶ、草原世界の東半をほとんど統一する一大帝国を打ち立てた。

康熙帝はハルハ難民を受け入れ、追って南下してきたガルダン軍の攻勢を何とかしのぐと、一六九一年にジェブツンダムバ一世はじめ、ハルハの王公をドローン・ノールに集めて臣従を誓わせる。東方のモンゴルはこの会盟で形式上、すべて清朝の庇護下に入った。逆にいえば、康熙帝は新たなハルハの盟主として、ガルダンを逐って王公たちに旧領をもどしてやらねばならない。さもなくば、盟主として君臨するに足らないのである。

ジュンガルの内紛でガルダンが本拠のイリ盆地にもどれなくなって、モンゴル高原にいることを察知した一六九六年、康熙帝は親征を敢行した。決着をつける好機と判断したのである。翌年にかけて三たび出撃したものの、帝の率いた本軍は、容易に戦果が上がらなかった。しかし別働部隊がジョーン・モドでガルダン軍を捕捉、撃破することに成功する。ガルダン自身も敗亡し、まもなく逝去した。かくてアルタイ山脈以東、いまのモンゴル国のほぼ全域が、清朝の版図に帰したのである。

「チベット仏教世界」

康熙帝はガルダンとの戦いを通じて、チベット仏教が重要なことを痛感した。モンゴル人の精神的なよりどころになっていたからであり、モンゴルに君臨するなら、その信仰は同じゲルク派のチベット仏教でなくてはならない。チベットに対する関心は、大いに高まった。そうなると、ここでもジュンガルとの対決は不可避である。

チベット仏教の総本山は、ラサにある。観音菩薩の化身であるダライラマを筆頭に、チベット仏教の高僧が、聖俗の権威を掌握していた。

一七世紀中葉、いわゆる明清交代の時期は、おおむねダライラマ五世の時代と重なる。清朝が「入関」して十年ほど経ったころ、かれは北京を訪問して、順治帝と会見し、清朝を「大施《だいせ》主《しゅ》」と位置づけ、良好な関係を築いた。のちハルハが内紛をおこしたときも、康熙帝と足並みをそろえて、調停をはかっている。

ダライラマ五世とオイラトの関係は、その即位にも関わっていただけに、いっそう深かった。ガルダンが急速に勢力を拡大できたのも、かれ自身がダライラマ五世の高弟・チベット仏教の高僧で、高い権威を有していたのが一因である。またガルダンひきいるジュンガルとハルハが対立したのも、チベット仏教内での地位をめぐってであった。

そのダライラマ五世が入寂《にゅうじゃく》したのち、後継幼少のダライラマを擁した摂政が権勢を握り、清朝とモンゴルの覇権を争ったガルダンを支持した。そのため康熙帝が勝利すると、実権を有していた摂政は、清朝・ジュンガル双方との関係を悪化させて窮地に陥り、チベットの権力争いが激しくなってくる。

ガルダン以前からチベットと関係の深かったジュンガルも、手をこまぬいてはいない。あらためて一七一七年、チベットに進攻し、清朝が支持するダライラマ六世を廃した。康熙帝はこれに対抗し、新たなダライラマ七世を擁して、チベット遠征を敢行する。時に一七二〇年。ジュンガルの勢力は駆逐され、チベットはいわば清朝の保護下に置かれることとなった。

清朝はジュンガルの行為を「ゲルク派の破壊とチベット衆生の苦情」とする一方、自らの一七二〇年のチベット遠征を「ゲルク派の振興とチベット衆生の安寧」と位置づけて、チベットとの結びつきを正当化した。清朝は以後、ダライラマ護衛のため、ラサに軍隊と大臣を駐在させつつも、ダライラマの政教一体の統治には、ほとんど容喙しなかった。チベット側からみれば、清朝の位地は従前どおり、寺院に対する大施主・大檀越にひとしかったのである。

こうして満洲人・モンゴル人・チベット人は、チベット仏教という共通の紐帯で結ばれることになった。それぞれは異なる統治のもとにあったけれども、同一の清朝皇帝とチベット仏教のもとに、不可分の関係を保ったわけで、これを「チベット仏教世界」という概念であらわす向きもある。

五　隣　国——ロシア・朝鮮

露清関係の形成

清朝が草原・モンゴルの覇権を争ったジュンガルの向こうにあったのは、ロシア帝国である。これも以前には、まったく存在しなかった新局面だった。

ロシア帝国は一六世紀にウラル山脈をこえて以来、毛皮交易ルートに沿って東進をつづけ、一七世紀の前半、明朝滅亡の直前には極東に達している。毛皮を求めるロシア人がアムール川流域に現れ、拠点としてネルチンスクとアルバジンを建設した。

満洲人の故地・住地に近いところである。清朝はそのため「入関」後も、重大な関心をよせ、武力攻撃も辞さなかった。一六六〇年には入植したロシア人を駆逐している。けれども人口希薄な毛皮の宝庫とあって、浸透するロシア人の排除は、なかなか十分な成果が上がらなかった。

折しも三藩の乱の対処で、忙殺されていたこともある。一六八〇年代に入って、敵対勢力が消滅すると、康熙帝はあらためて、アムール方面の問題解決に乗り出す。あらたにアイグン城を建設し、対露作戦の準備を整え、一六八五年からアルバジンを包囲攻撃する一方で、交渉を通じた解決を申し入れた。

ロシア側も一六八九年、その講和に応じ、ネルチンスクで条約交渉がおこなわれる。康熙帝は一万の軍勢で圧力をかけて、有利な結果に導くことに成功した。結んだ条約では、露清の境界をアルグン川・ゴルビツァ川からスタノヴォイ山脈を結ぶ線とさだめている。つまり、アルバジンをふくむアムール流域からロシア人をしめだして、満洲人の故地の安全を確保したのであり、ロシア側はその代わり、北京に隊商を派遣して貿易ができることとなった。

康熙帝の親征でガルダンの勢力が瓦解し、清朝に忠誠を誓ったハルハの王公たちが故郷へ帰還すると、清朝はモンゴル方面でも、ロシアの勢力と接触することになった。それにともない、現地の住民が一方から他方へ逃亡する事件が頻発する。またロシア政府がほとんど毎年、北京に送りこむ官営隊商の応接も、清朝側の小さからぬ負担としてのしかかっていた。

そうしたなか、ロシア側がモンゴル西北部・エニセイ川上流域で、南進政策をとったのに対抗し、清朝も一七一七年から貿易を停止して、ロシアに圧力をかけた。以後およそ十年にわたる交渉をへて、キャフタ条約が締結される。

キャフタ条約は、アルグン川からサヤン山脈に至る露清国境の画定だけでなく、逃亡と越境犯罪の防止、正教聖職者と学生の北京駐在など、多岐にわたる内容を含んでいる。かくて露清関係の基本的な枠組みがととのい、それはおおむね一九世紀の半ばまで継続した。

「隣国」としてのロシア

清朝の当時最大の敵はジュンガルだったから、その北隣に存在するロシアとは、なるべく和平的安定的な関係を保って、ジュンガルの側に追いやらないようにしておかねばならない。逆にロシアとの関係が良好なら、安んじてジュンガルに攻撃を加えることができる。

キャフタ条約を締結した一七二七年は、清朝も康熙帝から次代の雍正帝《ようせい》(在位一七二二~一七三五)の治世になっていた。雍正帝は即位後、一時的にジュンガルと講和していたものの、ロシアとの条約交換直後の一七二九年初め、ジュンガル討伐の方針を打ち出しており、対露関係の帰趨が関係していたことがわかる。

清朝は一七三一年、モンゴル高原に侵入したジュンガル軍に大敗を喫したものの、まもなく挽回して、戦勝を収めた。この講和が成立したのは、一七四〇年になってからである。双方ともにロシアとの関係を意識しながらの折衝をくりかえし、明確な境界を定めなかった。まだまだ対立は解けなかったのである。

このように、露清関係はもっぱら満洲人・モンゴル人の情勢に即して形づくられた個別特殊な関係だった。漢人はそこに関与していないし、漢語・漢文が介在してもいない。ネルチンスク条約はラテン語テキストが正文だったし、キャフタ条約も満洲語・ロシア語・ラテン語のテキストのみが存在する。漢人・漢語がこうした領域に関わりをもちはじめるのは、一九世紀を待たなくてはならなかった。

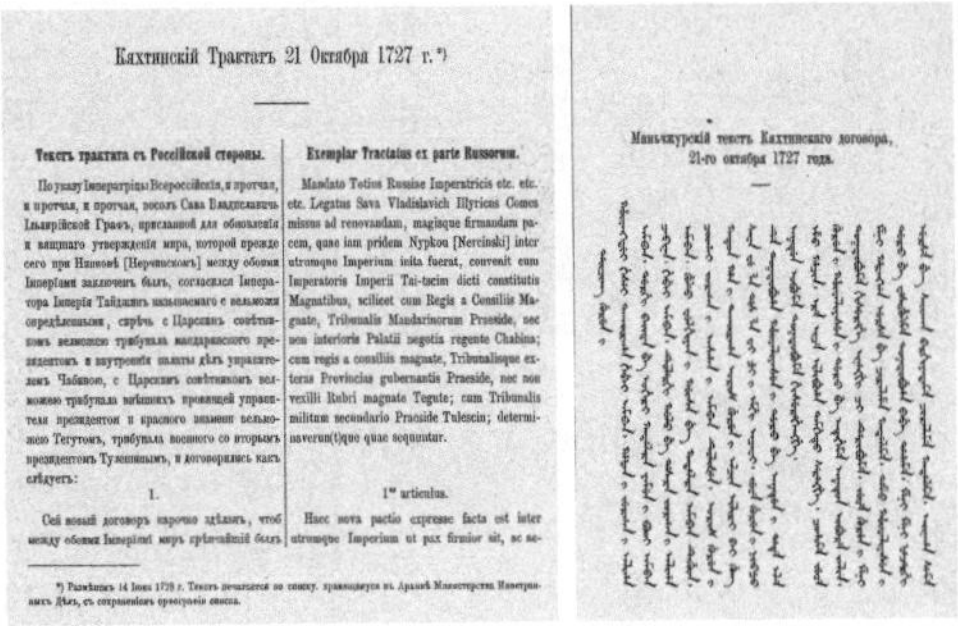

Кяхтинскiй Трактатъ 21 Октября 1727 г.*)

Текстъ трактата съ Россiйской стороны.

По указу Императрицы Всероссiйския, и протчая, и протчая, и протчая, посолъ Сава Владиславичь Иллирiйской Графъ, присланной для обновленiя и вящщаго утвержденiя мира, которой прежде сего при Нипковѣ [Нерчинскомъ] между обоими Имперiями заключенъ былъ, согласился Императора Имперiи Тайдзинъ называемаго с вельможи опредѣленными, сирѣчь с Царскимъ совѣтникомъ вельможею трибунала мандаринского президентомъ и внутреннiя палаты дѣлъ управителемъ Чабиною, с Царскимъ совѣтникомъ вельможею трибунала внѣшнихъ провинцей управителя президентом и красного знамени вельможею Тегутомъ, трибунала военного со вторымъ президентомъ Тулешинымъ, и договорились какъ слѣдуетъ:

1.

Сей новый договоръ нарочно здѣланъ, чтоб между обоими Имперiями миръ крѣпчайшiй былъ

Exemplar Tractatus ex parte Russorum.

Mandato Totius Russiae Imperatricis etc. etc. etc. Legatus Sava Vladislavich Illyricus Comes missus ad renovandam, magisque firmandam pacem, quae iam pridem Nypkou [Nercinski] inter utrumque Imperium inita fuerat, convenit cum Imperatoris Imperii Tai-tscim dicti constitutis Magnatibus, scilicet cum Regis a Consiliis Magnate, Tribunalis Mandarinorum Praeside, nec non interioris Palatii negotiis regente Chabina; cum regis a consiliis magnate, Tribunalisque exteras Provincias gubernantis Praeside, nec non vexilli Rubri magnate Tegute; cum Tribunalis militum secundario Praeside Tulescin; determinaverun(t)que quae sequuntur.

1ᵘˢ articulus.

Haec nova pactio expresse facta est inter utrumque Imperium ut pax firmior sit, ac ne-

*) Размѣнянъ 14 Iюня 1728 г. Текстъ печатается по списку, хранящемуся въ Архивѣ Министерства Иностранныхъ Дѣлъ, съ сохраненiемъ орфографiи списка.

Маньчжурскiй текстъ Кяхтинскаго договора, 21-го октября 1727 года.

図10　キャフタ条約

清朝はロシア皇帝を「チャガン・ハン」と呼び、モンゴルの一種とみなした。モンゴル語で、白いハン(君主)、という意味である。かたやロシア側も、清朝皇帝をモンゴルの君主・聖なる大ハーン「ボグド・ハーン」と呼んでいた。清朝側が「隣国《アダキ・グルン》」と称したロシアとの関係は、かなり対等に近かったとみることもできる。

このとき清朝の自称は、「中国《ドゥリムバイ・グルン》」であった。おそらく漢語を直訳した満洲語でありながら、漢語が有する自大・至上のニュアンスは、ごく希薄である。満・漢・蒙《モンゴル》をあわせ、他と区別した総称というくらいの用法だった。ロシアとほぼ対等なネルチンスク条約の条文にも、それは明らかである。

もちろん現実に対等だったかどうかは、判断は難しい。

その時々の力関係に左右されるし、また貿易問題を利用して、清朝側がしばしば優位に立とうとしたことは、とりわけ一八世紀後半に、しばしば顕著だった。ジュンガルが滅亡して、当面の脅威が消滅したからである。

そのため紛争も少なくなく、交渉での齟齬対立も跡を絶たなかった。それでも露清は「隣国」として百年以上にわたって、大過ない平和な関係をつづけた。儒教的な華夷・上下の世界観が混入しなかったからこそ、ありえたものだろう。

隣接と「属国」

清朝と隣り合った国は、もちろんロシアばかりではない。だがロシアと同じように、隣接してはいても、たとえば朝鮮のことを「隣国」とはいわない。呼ぶなら「属国」であろう。「隣」というのは前述したとおり、対等のニュアンスの濃い表現である。漢語圏ではそうした関係は、語彙概念じたいにほとんど想定していないのか、そもそも希有だった。儒教は上下関係で人間世界を秩序づける思考様式だからである。隣り合う国も敵対するのでなければ、上下に位置づけられ、たとえば「上国」と「属国」と称する。露清のような「隣国」の関係は、ほとんどありえなかった。

清朝「入関」以前の東アジアに存在したのは、明朝の「朝貢一元体制」である。やはりそうした上下関係にのっとる華夷思想にもとづく秩序体系だった。すでにみてきたとおり、この「朝貢一元体制」が内外の趨勢に合わなくなって、固執する明朝政権が自壊したのである。

そのため、明朝に代わった清朝が、まさか「朝貢一元体制」をそのまま踏襲するはずはない。沿海でも内陸でも、それが混乱をひきおこした元兇だったことは、建国以来、明朝と対峙対立した清朝が、自ら最も身にしみてわかっていた。明朝が朝貢関係なくしては、決して公認しようとしなかった「互市」を許したのは、その典型であろう。

それでも、あらゆる周辺国が明朝の秩序体系に反撥していたわけではない。真意はどうあれ、それに恭順な国もあった。朝鮮はその典型である。

典型としての朝鮮

朝鮮王朝は朱子学イデオロギーに純化した政権であり、その徹底ぶりは、本家本元の中国をはるかにしのいだ。儒教の世界では、個人のみならず、集団の間でも上・下の関係しか存在しない。それをたとえば華夷の辨、「中華」と「外夷」の辨別と称し、国にあてはめていえば、そのまま「上国」と「属国」にあたる。朝鮮はそのイデオロギーを信奉し、実践することで、あくまで主観的ながら、限りなく「中華」に近い存在になろうとした。中国王朝と良好な関係を保ちつつ、それに次ぐ「小中華」として、ほかの国・種族に優越できるからである。

こうした自己認識は、明朝の「朝貢一元体制」とともにできあがっていった。だから明朝に対する臣礼・朝貢は、朝鮮の対外的なアイデンティティにもひとしい。一七世紀の清朝建国にあたって、隣接する朝鮮が苦悩したのは、ホンタイジから屈従を求められて、そのアイデンティティが危機に瀕したからである。

清朝もその機微は心得ていた。朝鮮在来の朝貢関係を尊重し、その相手を明朝から清朝に切り替えさせたにとどめている。「入関」後はさすがに明朝との通謀の恐れもない、と判断して、歳幣や質子《ちし》の要求も緩和した。朝鮮との関係を安定させるのに、明朝以来の華夷秩序と朝貢関係を全否定するわけにはいかない、と判断したにちがいない。朝鮮に限らず、明朝の秩序体系に従順だった国には、ひきつづき同じ朝貢の関係で臨むのが、やはり最も効率的であった。

その種の国は、決して多くない。清朝の記録によれば、あらためて「入関」後に朝貢をよびかけ、それに応じた国は、十に満たなかった。本気で「属国」として清朝との朝貢関係を維持しようとしたのは、近接する朝鮮・琉球・ベトナムくらいであろう。もとより各国がそうしたのには、典型的な朝鮮もふくめ、それぞれ固有の事情・経緯をかかえてのことであった。

したがって、数は多くなくとも、重要でなかったわけではない。隣接と朝貢の関係は後年、あらためてクローズアップされてくる。

第二章　転換

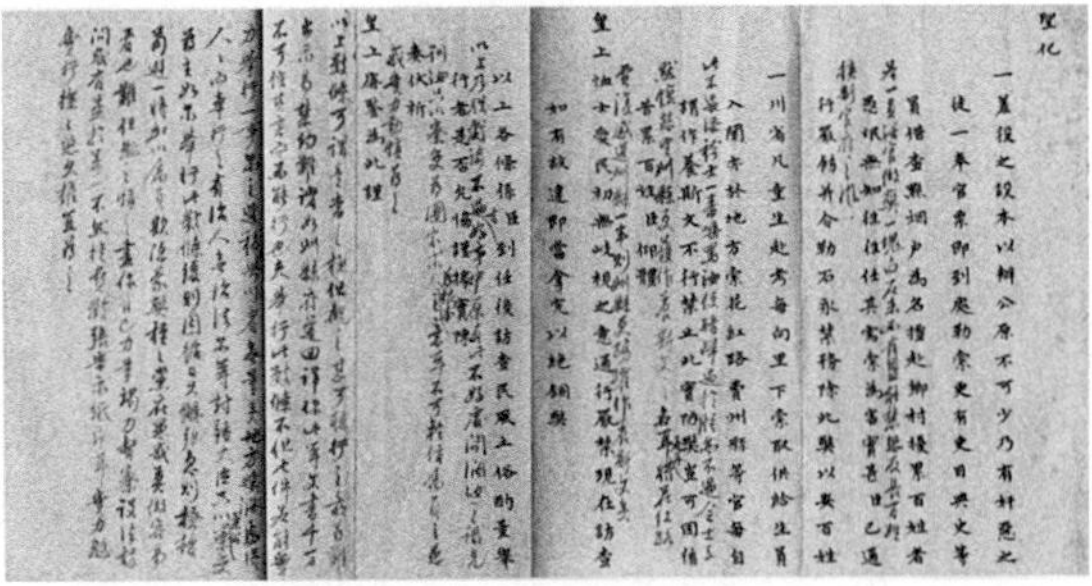

雍正時代の「硃批奏摺」(1726年)

一　到　達――清朝の素描

清朝の時代的位置

かくて一八世紀を迎えた東アジア。百年をさかのぼる一六世紀の末と比べれば、その相貌は大きく異なっている。それはひとえに、ここまでみてきた清朝の興隆によるものだった。その半ばはまた、おおむね康熙帝の治世に重なってもいる。

一七二二年、帝が崩御するまでにできあがった清朝の版図をみると、ざっくり二つに大別できる。方角でいえば、東南と西北、それぞれをここではひとまず、漢語世界とモンゴル・チベット世界と名づけておきたい。

言語・文字が異なる。信仰・習俗もちがう。そもそも乾燥と湿潤のように、気候風土・生態系も異なれば、遊牧と農耕で生活習慣も同じでない。なればこそ、有無を補い合う相互依存の関係にもなりうるし、また相手を敵視する対立相剋の関係にもなる。両者の切り結ぶ展開が、古来ユーラシア全域の規模で歴史のダイナミクスを形づくってきた。それはアジアの歴史そのものといってもよい。

清朝はこの二元世界の東端で、東南の漢語世界と西北のモンゴル世界のはざまから誕生した。いずれとも深く関わって成長し、双方に君臨するに至った政権なのである。その意味で、本シリーズ第3巻に描くユーラシア東方史の伝統を受けていたことはまちがいない。

しかし東アジアのそうした二元的な世界は、大航海時代に海洋からのインパクトが加わることで、いっそう錯綜したありようを示すようになった。日本列島が無視できない勢力に成長したし、マンジュ・清朝政権の存在じたいが、その所産でもある。

世界史的な「一七世紀の危機」の時代に入ると、いよいよ多元的な勢力が並び立ち、せめぎあうカオスの情況になった。康熙帝の事業はまさに、持ち前の武略・武威によって、この多元の相剋を共存に移行させたところに存する。

そうはいっても、満洲人・清朝がカオスのなかを勝ち抜き、勝ち残ることができたのは、多分に偶然であり、もっといえば、奇跡であった。かれらは同時代の集団としては、必ずしも強大な勢力ではない。人口だけでみても、大陸の明朝はおろか、半島の朝鮮にもおよばなかった。モンゴルと比べても、そうだろう。

あいついで押し寄せる目前の難しい局面に、生き延びるべく懸命の対処をくりかえした堆積が、自立と興隆につながった。ヌルハチの興起も「大清国《ダイチン・グルン》」の建国もしかり。「入関」も多分に僥倖だったし、ハルハ・チベットの統合もあらかじめ企んだものではなく、ジュンガルと抜き差しならない関係に陥ってしまったためである。漢語世界もモンゴル・チベット世界も、結果的に併せることになったにすぎない。

「因俗而治」

清朝はそれだけに、自らの非力な力量・立場をよくわきまえていた。虚心な自他分析と臨機応変の感覚に富んでいたともいえる。それが偶然・僥倖を必然化させ、多元化した東アジア全域に君臨しうる資質を生み出したばかりか、清朝そのものに三百年の長命をも与えたといってよい。

当時の東アジアは、大きくは東南と西北に二分でき、またいっそう細分化もできる多元的な世界だった。そこにたとえば漢人・漢語の「華夷秩序」など、特定の秩序体系・統治原理を、一律にあてはめても治まらないのは、明代の歴史が立証ずみである。建国以来の経験で、清朝にはそれがよくわかっていた。

それなら、そんな世界のほぼ全域を、非力な清朝がどう統治したのか。その個別具体的なメカニズムは、まだまだ不明な点が多い。それでも俯瞰すれば、おおむね共通する原理・姿勢はうかがえる。

複雑な環境を自覚し、いわば複眼的に臨み、在地在来の慣例を尊重した。筆者はそんな言い方をしたことがある。もちろん人によっては、別の言い回しがあって、そちらのほうが有名でわかりやすい。

たとえば「因俗而治」。史料用語のフレーズで、とりわけ清朝のいわゆる「藩部」、内陸アジア統治に関して、中国語圏の研究でしばしば見かける表現である。「俗に因《よ》りて治む」とは、その土地の習俗・慣例に即して統治した、という意味だから、いわんとするところは、筆者とさほどかわらない。

もっとユニークな表現なら、「懐に飛び込んで相手をなだめる」というのもある。これは往年の碩学・安部健夫の言い回しで、筆者の好みではあるものの、ユニークに失したのか、あまり用いられてはこなかった。元来は清朝の漢人に対する君臨、統治のありようを語ったフレーズであり、君臨しながら、相手の納得するように自らを合わせていった姿勢・施策を巧みに伝えている。

それなら「懐に飛び込ん」だかどうかを問わなければ、漢人統治にかぎる話ではない。モンゴル・チベットに対しても同じであり、あるいは「属国」の周辺国や「互市」の海外諸国でも、やはり大きな違いはなかっただろう。

直轄と間接

つまり清朝はリアリズムに徹し、現状をあるがまま容認し、不都合のないかぎり、そこになるべく、統制も干渉も加えようとはしなかった。すでにふれたとおり、チベットはダライラマの政教一体の統治に委ねたし、ハルハ・モンゴルには盟旗制という一種の部族編成を布いている。いずれも従前の基層社会に、清朝が手をふれることはなかった。いずれにも「大臣《アンバン》」を置いて、側から監視したのみである。

そしてそうした事情は、中国本土の漢人の場合も、やはり同じである。前代明朝の皇帝制度・行政機構をほぼそのまま踏襲し運用した一方で、やはり基層社会に立ち入ることはほとんどなかった。

漢人に対する清朝の君臨統治は、かつて「入り婿」政治といわれたこともある。表現は異なりながらも、「懐に飛び込んで相手をなだめる」というのと同じ内実を伝えるものとみてよい。もっとも漢人の場合は、モンゴル・チベットのように、アンバンを要所に置いたばかりではない。もっと大がかりで、かつ細かかった。たとえば、世界史の教科書で必ず出てくる「満漢併用制」などと呼ぶ中央政府の制度がある。

これは同じ地位・役職を二重に設けたというよりは、明代の制度をそのままにしながら、漢人官僚のそばに満洲人をはりつけて監視、牽制させるシステムであった。その原理だけでいうなら、「満漢併用制」に限らず、清朝の漢人支配全体を貫く方法だったといってよい。そうした態度・目的はやはりチベット・モンゴルの場合と同じだった。

それでも東南と西北で、やり方や密度がまるで異なっていたのは、漢人の場合、人口が多く、

在来の体制もその分、複雑だったからである。それだけ監視を行き届かせなくてはならぬ必要があった、もっと清朝の立場から直截にいうなら、漢人が信用できなかった、という意味になろう。

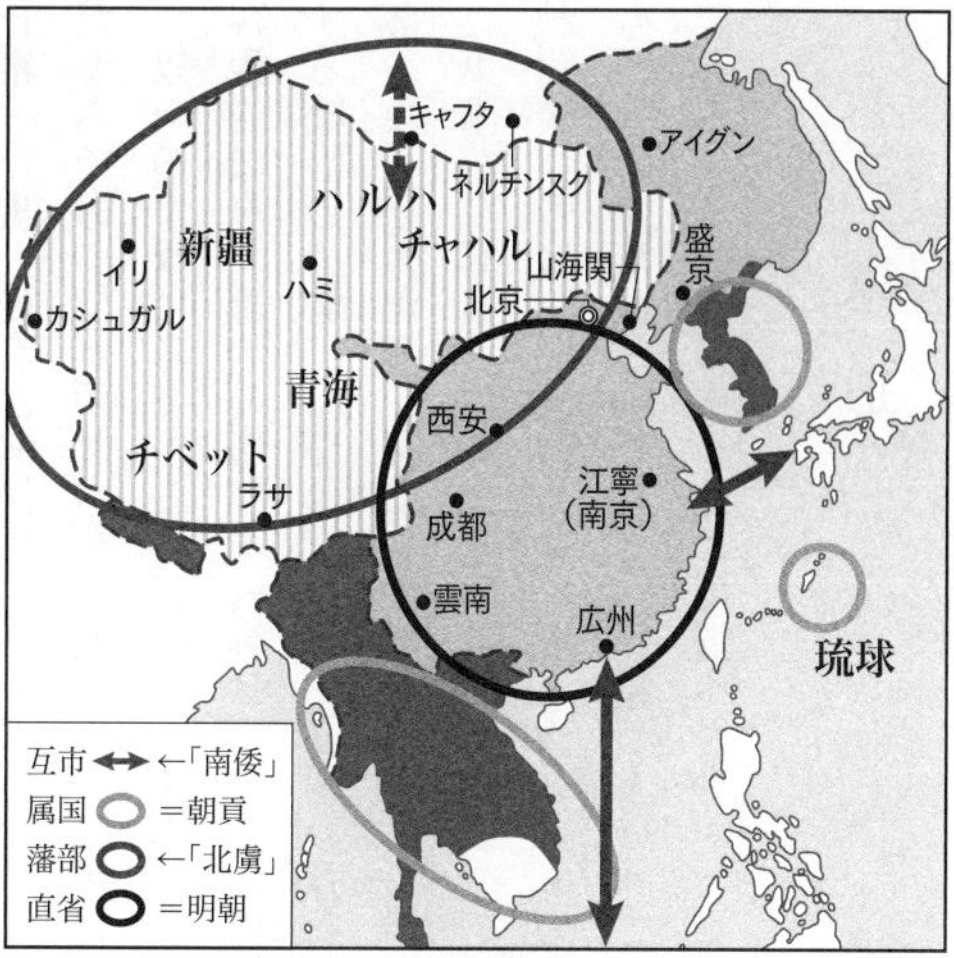

図11　清朝による「因俗而治」のイメージ

教科書の図柄には、東南の漢語世界と西北のモンゴル・チベット世界で、色を塗り分け、前者を清朝の「直轄」地、後者を「藩部」＝間接統治と説明するものが多い。たとえば図11が、おなじみであろう。

両者に違いがあったことはまちがいない。しかしその区別を、ことさら「直轄」と間接と表現しているのは、ともすれば前者が

正常・正規、後者が異例で否定すべきものにすら映る。けだし近現代の国民国家からする発想だからであって、西北の「直轄」化・直接統治化を正しいとする価値判断に誘導しかねない。

以上のようにみてくると、図11の図柄は多分にミスリーディングな説明ではないだろうか。客観的にみた統治の形態・内容は、たしかに東南と西北でそれぞれ差違がある。だが清朝からする統治の姿勢・原理は、ほとんど変わりない。いずれも在地在来を尊重した「因俗而治」であった。そのため、図にも手を加えてある。

東南が「直轄」にみえるのは、それまでの明朝が君主独裁の官僚制を布いていたから、西北が間接なのは、在来のモンゴル・チベットの政治権力組織を踏襲したからにすぎない。そもそも明朝の統治も、はたして「直轄」といってよいかどうかは、客観的にみて、大いに疑うべきである。この点はあらためて述べたい。

二　雍正

康熙帝の評価

以上みてきたように、康熙帝は多元の共存を実現した、清朝の事実上の建設者・完成者であった。帝の治世はそれだけで、十分に特筆すべきである。しかもひとり清朝ばかりではない。

六十一年の在位、東アジア全域の版図といえば、時間的にも空間的にも、史上空前であった。そんな君臨を実現した康熙帝は、やはり希代の名君ではある。

> 康熙の六十一年間の治世は、単に清朝の黄金時代であったというに止まらず、実に中国の、更により広くアジアの絶対君主制の、最も盛大で光栄ある時代であった……

以上は往年の碩学・植村清二の評言、ほぼ手放しの称賛といってよい。植村が何より高く評価したのは、諸葛亮の「鞠躬尽瘁《きっきゅうじんすい》」の語をこよなく愛した帝の、ひたむきな政務の精励、献身的な生涯であった。

それだけに、内実が気になる。「康熙帝は実にアジアの帝王の理想の体現者というべき君主だった」という植村も、しかし「白璧《はくへき》の微瑕《びか》」のあったことは認めている。廃太子の問題だった。

康熙帝は早くも二十三歳のとき、皇后所生の第二子を太子に立て、後継者に擬していた。ところが帝の長い在位の間に、太子は次第に驕慢な言動が多くなる。あげくに即位の一刻も早い実現のため、父帝の命を狙っている、とさえ伝わった。康熙帝はそのため、百官の面前で皇太子に直接、廃位を宣告する。時に一七〇八年(康熙四十七年)、太子を寵愛してきただけに、断腸の決断であった。

するとたちまち、諸皇子の後継争いが激化し、それぞれ党派を結んで、画策暗闘をはじめる。

その動きを察知し、後悔した帝は、早々に廃太子を復位させたところ、まもなくクーデタの陰謀がまたぞろ、ささやかれるようになった。帝は激昂して、一七一二年(康熙五十一年)ふたたび皇太子を捕らえて廃位、身柄を宮中に拘禁した。

このような廃嫡騒動を「微瑕」のように軽んじなかったのは、やはり碩学の宮崎市定である。名君と謳われた康熙帝も家庭人としては寧ろ失格者だった。

辛い採点である。そもそも「天子は四海を以て家と為す」、『大学』も「斉家」「治国」「平天下」というように、「天下」の統治は「家庭」からひろがるのが、当時の常識であった。そんな通念ばかりではない。公人・君主であれば、継嗣は父子関係にとどまらない、政治体制・権力構造の問題である。意地悪くみれば、宮崎は「家庭人」「家庭生活」といいながら、「謳われた」だけの「名君」の「天下」経営に、あえて「失格」の烙印を押したのかもしれない。

外形的には清朝の建設を完成に導いた康熙の治世は、内実をみれば派閥の横行・暗闘が絶えない時代でもあった。とりわけ外敵を退け国難を乗り切った、一八世紀に入って以後の内政がそうであって、廃太子の問題はそんな統治の脆弱さを、白日の下にさらした、というのが宮崎の見立てなのだろう。

「難治」な漢人

康熙帝は自ら「十五力もの強い弓を引き、十三握もの長い矢を放つことができた」と誇ったほど、すぐれた武人である。にもかかわらず、いな、そうであればこそ、学問にも熱心であった。イエズス会士がもたらした西洋文化にも並々ならぬ関心を示しながら、やはり本命は、儒教・朱子学である。

政府として大規模な図書編纂など、文化事業もさかんに催すかたわら、自らも勉学修養につとめた。漢人の士大夫に劣らない知識人になろうとしたのである。君主・天子の立場だから、めざすは伝統ある中華皇帝の模範であった。

もちろん漢人支配を慮ってのことである。衣食に節倹、政務に勤勉、清廉の提唱、賦税の減免など、実地の生活・政策でも、理想の善行・善政をアピールした。漢人のエリート指導層・読書人の意にかなうべく、ことさら意識したパフォーマンスである。

自らのそうした行動が社会全体にいかほど実効があったか、仔細に顧慮していた様子はないから、あからさまにいえば、康熙帝のパフォーマンスは迎合にほかならない。帝を「名誉に貪欲な」偽善者だと評したのは、漢人・儒教から超然として客観視できた西洋の宣教師である。

いかに偽善であろうと、漢人の輿論の支持を得ることが、「懐に飛び込んで相手をなだめる」ことが、清朝の支配にはまず必要だった。漢人・中華王朝のやり方で名君・善政でなくては、君臨そのものが危うくなる。康熙帝はそのなかで、倦まず弛まず何十年もの間、迎合につとめて、名君の評価を贏ち得た。その君臨はひとまず、成功だったというべきだろう。

しかし君臨の成功と、統治が成功することとは、必ずしも同義ではない。康熙帝本人がそのことを口にした、という記録があって、学界ではとても有名である。

> 漢人は人心が一つにまとまらない。満洲人やモンゴル人は数十万の人でも、みな心を一つにする。朕は多年、君臨してきて、いつも漢人が難治だと思ってきた。心を一つにしないからである。

モンゴルとちがって、漢人は「一心」にならない、バラバラ複雑で「難治」、統治できない、という。これは『清実録』という根本史料に記載するエピソードで、康熙帝も自身の限界を知っていたかのようである。一七一六年（康熙五十五年）冬のことだった。

ところが、どうやら事実はそうではないらしい。柳澤明の研究によれば、「起居注」というもっとリアルタイムの史料があり、そちらをみると、右顧左眄《うこさべん》して「一心」にならないのは、使えない漢人の官僚であった。康熙帝の「爾《なんじ》ら漢人」というセリフは、目前の官僚たちを叱責した、としか読めないし、「難治」という文言も存在しない。いくら同じく「心を一つにしない」といっても、「難治」の漢人一般と無能な漢人官僚とでは、文意・文脈はあまりにかけ離れているだろう。

『清実録』は根本史料ながら編纂物なので、後から手が加わる余地がある。双方の記録ともに虚偽を記す可能性もあるけれど、そうでないなら、『実録』が記述を改めた、康熙帝の発言を修改したことにならざるをえない。

『実録』は王朝の大事な書物である。そんな改竄まがいの書き換えが、時の政権ないし君主の意を無視してできるはずもあるまい。それなら『清実録』のほうの文言は、康熙の後を嗣いだ雍正帝の意思が、多かれ少なかれ働いていた、とみるのが妥当であろう。

私見を端的にいうなら、雍正帝は父帝じしんの口を借りて、その漢人統治は失敗だった、と判定したのである。宮崎市定の辛い採点も、実はこうした雍正帝の評価を体したものだった。

刷新

廃嫡問題で心労が祟ったのか、康熙帝は還暦をすぎると病気がちになり、康熙六十一年十一月、つまり一七二二年の暮れ、ついに崩じた。後を継いだ雍正帝はその第四皇子、ときに四十五歳。すでに初老を越えていたかれは、久しく父帝の統治を観察して、期するところがあったのだろう。即位してまもなく、精力的な行動をはじめた。

図12　雍正帝

まずは康熙帝の継承を競った自分の兄弟たち、ならびに自分と姻戚関係のあるロンコド・年羹堯《ねんこうぎょう》といった大官たちを処罰した。葬り去ったのは、いずれも新帝の親族であって、それだけに自身の権力を掣肘し、権限を侵害し、統治を妨礙《ぼうがい》しかねない政敵でもある。兄弟姻戚ほど、権勢を争うライバルになりやすい。これは古今東西、歴史の鉄則である。われわれにごく卑近な日本史も、むろん例にもれない。

骨肉の争いを経て、地位を安定させ、フリーハンドを得た雍正帝の治世は、一七三五年までのおよそ十三年間。父親の康熙・息子の乾隆《けんりゅう》の六十年に比べれば、決して長くない。けれども治績は、父・子をはるかに上回って重要だというのは、衆目の一致するところ、その間に税制・行政・人事・官制など、とりわけ漢人の統治に対して、多くの改革を断行したからである。

俸給の乏しい官僚の不法な附加税や公金流用に歯止めをかけ、収入不足を埋め合わせる職務手当を支給した「養廉銀《ようれんぎん》」。地方官の任用に実地の研修期間をくわえて、政務に習熟させた人事制度。中央政府の意思決定を敏活ならしめた軍機処の設立。皇位継承に以前のような混乱の生じないように配慮した太子密建の法。

いずれも、前代までにはなかった清朝独自の制度であり、それを創始したのが、ほかならぬ雍正帝だった。それだけでも、帝の治世の重要性がわかる。

改革の位置

もちろん以上あげた制度は、代表的な改革の所産にすぎない。それほど改革は多岐にわたったけれども、方向性はどうやら、どれも変わらない。行政の実務化・政治の合理化とまとめることができる。

近代国家に暮らすわれわれからみれば、ごくあたりまえのことばかり、だからそうした方向に舵を切った雍正帝の治世に、共感を覚えるのであろう。しかし考えてみると、それが当時の中国では、とりもなおさず改革になった、という事実の意味は、やはりみのがせない。

たとえば「養廉銀」という命名から、当時の官僚は「廉」潔を「養」わねばならなかった、つまりみな私腹を肥やしていた汚職官吏だった、という事情がわかる。みなそうだったのであれば、廉潔でない、私腹を肥やすことが大多数の通常行為を意味していた。とくに非難され、処罰されるにあたらなかったことなのである。

それを非違・汚職とみるわれわれや雍正帝の感覚が、当時の中国からすると、かえってすぐれておかしい。不正・汚職という観念ばかりではなく、合理的能率的な行政という近代国家のスタンダードは、そこではちっともあたりまえ、スタンダードではなかった。だから逆に、それを考案実行すれば、新奇な改革になってしまう。

このズレが重要だった。清朝が曲がりなりにも漢人を支配して大過なかったのは、漢人とこうしたズレがあることを自覚し、緊張感を持ち続けたからである。その感覚だけでいうなら、迎合につとめたドルゴンや康熙帝の施政でもそうだったし、改革を断行した雍正帝も同じであった。

迎合であれば、大多数に合わせるので、ひとまず通例の規範的な行動をすればよい。ズレの自覚があるので、旧弊・陋習にはブレーキをかけることもあれば、対策を講じることもあっただろう。それでも、在来既成の制度・官僚機構を用いることが可能であった。だから康熙帝までの善政では、いかほど君主本人が納得していたかは別として、新規の手段・政策・制度は、さしあたって必要なかったのである。

しかし雍正帝は姿勢を転換した。康熙帝までの迎合を排して、大多数の慣例・通念に挑戦したのである。それなら、相応の手立て・道具立てが欠かせない。それがいわゆる「奏摺《そうしょう》政治」であった。

奏摺政治

「奏摺」とは個々の官僚、とりわけ地方大官が皇帝に直接に送る私信、いわば親展状のことである。雍正帝はそれに直接コメントを朱筆で書きこんで返送した。この書き込みを「硃批」といい、この「硃批奏摺」が多く残っている。帝はそのやりとりを通じて、官僚たちに所轄地のくわしい情報を上げさせ、それぞれ個別直接に臨機応変の指示・訓戒をあたえた(扉図版)。

あくまでボランティア、非公式・私的な営為ながら、そこにいわば裏面の、融通無碍の施政を新たに発足させたのである。

もちろん公式の官僚機構・公開の政治行政は存在する。しかし通例墨守の権化である既成在来の組織では、通念に逆らう改革の役に立たない。正面切って実行しても、既得権益を有する勢力から、おびただしい反撥とサボタージュを引き出すだけである。対抗反駁排除する余裕などない。とりあうだけ、時間と労力のムダであった。

そこで雍正帝は、抵抗を受けそうな改革は、公式ルートをスルーするかたわら、水面下での発案・試行・検討を経て、実施に移すことにしたのである。あらためて正式のルートに載せて公開した施策もあれば、正規公式にしないまま、最後まで便宜的な措置にとどめるものもあった。画一的固定的形式的な手続きに流されず、それぞれ現実の事情に即応した改革が可能になったのも、奏摺政治という裏面・非公式のルートを設定、利用したからこそである。

奏摺は私信なので、官僚たちが雍正帝と直結した。そのため「独裁君主」、独裁政治の究極的な形態だとみる向きもある。それにひとまず異論はないけれど、雍正帝の独裁的な奏摺政治は、むしろ実務主義・実地主義・在地主義であった。だからその「独裁」を、画一的な中央集権のシステムとはきちがえてはならない。

三　限界

在地主義

清朝の漢人統治は当初より、実地の行政を地方大官に委ねる方針だった。外から北京に入って君臨した少数の満洲人たちが、いきなり広大な土地と多数の人口を治めるには、そうするほかなかったからである。

つとに明代から、しばしば広域の軍政・民政をつかさどる総督・巡撫《じゅんぶ》を設け、各地の地方官を監督させていた。清朝もそれを利用し、各省に総督・巡撫を常置して、地方行政を一任している。雍正帝の施政もその枠組みにかわりはない。

そうすると、北京が直接に連絡をとれるのは、各省の総督・巡撫まで。そこから間接的に、在地の官吏を駕御、任用する、というかたちにならざるをえない。実地の行政を改めるには、まず総督・巡撫を完全に掌握し、その部下もろとも自在に動かせなくてはならなかった。

雍正帝は思い描く改革を実行すべく、そんな在地主義に徹する。地方実地の事情に暗く、かつ自らの権力行使を掣肘しかねない既存の諸官庁をスルーして、直接に総督・巡撫とやりとりし、満洲人・漢人を問わず、その適否をみきわめて直属の代理人とした。そのうえで地方への実務委任を強化し、決定づけ、定着させたのである。

奏摺政治のねらいがここにあったとすれば、その開始・遂行によって、実際の行政権力の比重は、各省の地方当局のほうに傾いて当然であろう。そこに当時・後世とも、容易に気づかなかったにすぎない。

けだし物事には、必ず由来がある。雍正帝のこうした施政も、本人にどこまで自覚があったかどうかは別として、やはりそれなりの来歴があった。

危機の自覚

明代の昔にさかのぼれば、地方実地の事情に通じない中央が、くりかえし一方的に権力を行使し、画一的な政策を強行して、各地に多大な混乱と弊害を招いていた。中央と地方、政府と民間が齟齬、乖離をきたしていたのである。本シリーズ第4巻に述べるような「鉱・税の禍」もしかり、「北虜南倭」もしかり。あるいは明朝の政治システム全体が、そうだったといってもよい。既成の制度・体制のゆきづまりは、すでに一七世紀、明朝の自壊で生々しく明らかになっていたことである。

同時代の心ある漢人知識人は、そうした局面に遭って、事態をみつめなおし、リアルタイムでその処方箋を考えざるをえなかった。明朝の滅亡は単なる王朝・政権の交代という生やさしい事態ではなく、自らが属する文明そのものの存亡の危機である。「神州陸沈」「亡天下」と表現したかれらの結論は、およそそんなところ、従前のままの君主独裁制・官僚制では、もはや統治がたちゆかないことを痛感していた。

たとえば第4巻でも論じるように、黄宗羲《こうそうぎ》(一六一〇～一六九五)という大学者は、明代までの皇帝制が統治権の私物化にほかならないと喝破したうえで、君主の公権化、ひいては民主主義にみまがう構想を披瀝している。のちに二〇世紀の革命の高潮で、かれが「中国のルソー」と呼ばれたのも、故なきことではない。

いっそう具体的に官僚制の硬直化・矮小化を指摘したのは、同じく大学者の顧炎武《こえんぶ》(一六一三～一六八二)である。かれは実地に庶民・社会と接して行政にあたる「小官」が少なく、民治を果たせていない事態を指摘した。同時に、そうした事態に対処するにあたり、官吏の不正・非違を監察する「大官」ばかりが増えた現状を批判する。「害を未然に防ぐのではなく、起こってから対処するだけ」、「盛世には小官が多く、衰世は大官が多い」と断じた。そこで地方自治をたてなおす「封建」への転換を提唱する。

嘉靖《かせい》・万暦の内憂外患・天啓の党争・崇禎の滅亡と、明末の弊政・大乱を受けた中国各地には、有力者・名望家が台頭していた。すなわち、第4巻にしばしば登場した紳士・郷紳《きょうしん》、科挙の学位を有する、在地の漢人エリートである。民間社会を治めきれない君主制・官僚制に代わって、かれらが勢力をひろげて地元の秩序を保った。もとより、かれらが一貫して政権に従順だったわけではない。たとえば「北虜南倭」の一方の立役者でもあったのである。

各地におびただしく蟠踞していた郷紳たちを逐一、政府当局が掌握統制するのは、物理的に難しい。そのため明朝は、せめて大括りな広域の範囲で、総体として体制に違背しないようなしくみにせざるをえなかった。

在地の「小官」の代わりを郷紳が果たすに任せる一方で、天下りの「大官」を増やして下僚の監視を委ねる。かくて各省に総督・巡撫を増置した「衰世」の明末清初の史実が現出した。

明末清初とは

清朝はそうした明末の政体・体制をそっくり受け継いだ。本意ではなかったかもしれない。しかし黄宗羲や顧炎武の訴えたような体制そのものの変革など、現実の局面に当たったかれらには、およそ論外だった。

清朝にそこまで求めるのは、あまりに苛酷であろう。満洲人は数のうえでも組織のうえでも経験のうえでも、漢人の歴史ある制度を根柢からつくりかえるには、非力に失した。その立場からすれば、当面の苦境を克服し、眼前の混乱を収拾して生き延びるだけで精一杯の実力だったのである。

当時最も政治力をそなえた清朝の集団ですら、その程度にすぎない。いかに碩学で旧弊の剔抉に切実であったとはいえ、在野の改革論がどこまで実践をみすえていたであろうか。言うは易く行うは難し。しょせんは机上の言論・思想であれば、そこは無責任なものである。

とまれそんな清朝の選択肢は、在地在来の制度・慣例を生かす「因俗而治」しかなかった。最も時宜にかなった方法ではあったけれども、やむにやまれぬ選択でもあったのである。

別にそれも明朝の漢人に限ったわけではない。モンゴルに対しても、チベットに対しても、そうである。非力な分、彼我の力関係に対する鋭敏で冷徹な認識をそなえていた清朝ならではの対処だった。

そして選択肢を定めるや、非力なりに全力・最善をつくし、また想定できる最良の結果をもたらした。清朝の君臨が東アジア各地の統治を立てなおした成果は、めざましいものがある。モンゴル・チベットは成功したといってよい。漢人についてみても、やり方は共通しており、明末の擾乱を鎮定して平和を回復したのだから、やはりそれなりの治績はあったのである。かくて康熙帝の多元共存が、ひとまず実現した。

しかし「一七世紀の危機」を乗り切り、父帝が清朝の外形を固めたのち、雍正帝の眼前にひろがっていたのは、顧炎武・黄宗羲の所説とさして大差ない「衰世」の光景にほかならない。名君・康熙帝は「難治」の漢人に対する「因俗而治」・迎合で、明代以来の官僚制をひきついだあげく、無残に失敗していたからである。

報われぬ献身

見るに見かねたというところだったのか、雍正帝は改革に乗り出した。けれども父祖から受け継いだ既成の枠組みをみだりに改めるわけにはいかない。変える意思もなければ、変えられるほどの政治力もなかっただろう。

とすれば、伝来の体制・組織に手をつけない「因俗而治」のまま、裏面の奏摺政治で「衰世」に抗う実務をすすめるほかない。そこで随時随処、実地の具体的な情報を集め、病症をつきとめて治療を施すことにした。いわば二重政治を通じた対症療法である。おびただしい手間・労力のかかるものだった。その負担は誰より、帝本人の生活と身体にのしかかったのである。

朝は四時に起床、六時には百官が出勤して公開の政務が午後まで続いた。ふつう八時に就寝する夜の時間を、帝は奏摺のやりとりにあて、深更に及ぶこともあった。勤勉無比、刻苦勉励、粉骨砕身というべきである。

そうした献身的な治世のすえ、雍正帝が崩御したのは一七三五年、享年五十八。今の感覚・基準でいえば、還暦に満たない働き盛り、早世といってよい。やはり過労が祟ったのであろう。

しかしその改革事業は、後世から長期的にみれば、ほとんど烏有《うゆう》に帰した。帝の善意と努力からすれば、悲劇的な経過だといってよい。宮崎市定がいうとおり、「報いられることが案外に少かったばかりでなく、予期に反した逆効果さえ生んだ」のである。

対症療法では、しょせん病原の根治がない。絶え間ない症状への対処がなくては、病症再発のやむなきにいたってしまう。それに不可欠な裏面の二重政治は、あくまで雍正帝個人の意欲と才幹でできたことであって、帝なかりせば実現はかなわない。いずれも雍正かぎりのものだった。

雍正帝とその時代の重要性は、否定すべくもない。しかしかれがめざし、一定の成果をあげた事業が、その意味を失い、かつての「衰世」のありようにもどっていくのが、以後百七十年の歴史過程だった。それが清朝とその統治下の人々にとって、いかなる意味を有したのであろうか。

第三章　「盛世」

乾隆帝

一　乾　隆——その人・その時代

乾隆帝

宮崎市定らの研究によって、これだけ雍正帝が有名になったから、雍正帝が清朝皇帝ではない、とみなす向きは、もはやいないだろう。しかしかつては、清朝といえば必ず「康熙乾隆」と称したのであり、雍正を「明の年号にしてしま」うような誤解がはばかりなく公言されたほど、「康熙乾隆」というフレーズは、人口に膾炙していた。雍正帝はほとんど忘れられた存在だったのである。

それはもちろん、後嗣の乾隆帝(在位一七三五〜一七九六)の影響が大きい。父親が偉大であればあるほど、抵抗したくなるのは、賢不肖にかかわらず、息子の一般的な心情でもある。雍正帝じしんも、康熙帝に対してそうだった。

そこで雍正帝が崩御し、乾隆帝が即位すると、さっそく反動がはじまる。ことさら前代の方針に反する趣旨の意見をとりあげた。そうした言動は裏返せば、父帝に対する批判にひとしい。もっともそれは、帝王個人にとどまらない。雍正時代の改革・粛正に疲れていた、あるいは不平を抱いていた官吏・有力者は、けだし少なくなかった。むしろそうした動向を代表し象徴したのが、乾隆帝その人だったとみたほうがよい。

雍正の改革でできた既成の制度は、やめるわけにもいかない。だから養廉銀も軍機処も存続している。けれども改革に不可欠だった裏面私的、融通自在の「奏摺政治」は、雍正帝にしかできない以上、残るにしても公開されて、普通の公文書のやりとりにならざるをえなかった。一事が万事、二重政治はかくて公式の官僚機構に吸収され、対症療法の改革もいつしか消滅している。こちらは消極的、ネガティヴな変化・回帰ながら、やはり前代・父親への反撥を意味した。要するに、康熙を克服しようとした雍正の事蹟は、あらためて乾隆が否定したのである。

乾隆帝は祖父の康熙帝を過剰なほどに意識していた。六十年という在位年数・江南巡幸のくりかえしという、祖父をなぞった行動様式に明らかであろう。父に対する無関心・黙殺ぶりとは、およそ対蹠的だった。そこに「康熙乾隆」という時代概念の出てくるゆえんがある。

こうした命名はそもそも、厳粛な雍正時代を忌み嫌った漢人エリートのものだろう。だから「康熙乾隆」は、たんなる客観的な連続性・同質性を並べただけではない。明らかに主観的な意思の働いているフレーズであり、乾隆による康熙への回帰・祖述の意味合いが強く、さらにいえば、優越もふくんでいた。

そんな乾隆時代はまさに「盛世」、清朝の黄金時代と称せられる。一七三五年から六十年以上にわたる治世も、四庫全書の編纂や十全武功の達成など、大がかりな文化事業・軍事行動のくりかえしで、華々しさに溢れている。

その一つ一つを跡づけてゆくのは、いささか煩に堪えない。ここでは、そんな「盛世」をもたらした要因のほうに重点を置いて、一八世紀をながめていこう。

康熙デフレから乾隆インフレへ

乾隆帝といえば、贅沢の権化である。現在の故宮博物院の名だたる美術工藝の逸品は、そのコレクションにかかるものだし、離宮の建設やたび重なるお大尽の行幸など、浪費のエピソードも、枚挙に暇がない。「よくもこんなに、とほうもない贅沢ができたものだ」というのは、雍正帝に傾倒した宮崎市定の評言である。

かたや祖父の康熙帝は、対極的なケチ、節倹の鬼であった。これは確かにそれぞれのパーソナリティではあるものの、たんに帝王個人の性癖にとどまらない。まさに時代をあらわすものだった。

一口に「康熙乾隆」といっても、西暦ではおよそ二世紀に跨がる。おおむね「康熙」は一七世紀の後半、「乾隆」は一八世紀後半の時期にあたっており、それぞれの様相をあえて表現するなら、前者は戦乱・不況、後者は平和・好況の時代だった。帝王のパーソナリティよろしく、両者まったく対蹠的な世相なのである。

では、なぜそうだったのか。乾隆時代を理解するためにも、まずは康熙をみておかなくてはならない。

康熙年間、とりわけ一七世紀の後半がなお内乱のやまぬ情況だったことは、先述したとおりである。それにともない、経済がいっそう沈滞していた。当時のことばで「穀賤傷農」といい、穀物が安価で農民が苦しむ、との意である。もちろん商品・人口の大多数を占めるのが穀物・農民だから、社会全般におよぶ景況で、つまりは物価低落による窮乏、デフレ不況にほかならない。

時の康熙帝は質実剛健、その政府も天子の号令のもと節倹を旨とし、清廉潔白な官僚「清官」も輩出した。やはりそこは狡猾な人の多い漢人社会なれば、見かけ倒しも多かったけれども、ほんとうに清貧な人もいたのである。

ともあれ節約する、浪費しない、とは確かに個人では美徳かもしれない。けれども政府・社会からみれば、それは緊縮財政で財政支出が減るという意味である。市場に通貨・マネーはいよいよ行きわたらず、デフレに拍車をかけた。

この時期は、廈門・台湾に拠った鄭成功の海上勢力に対抗して、海禁・遷界令を実施したころにあたる。もちろん公然たる貿易はできない。しかも当時、対日貿易が落ち込んできた。戦国から江戸初期の日本は、世界随一の金銀産出国であり、一貫して中国の主要な貿易相手だったのである。日本のいわゆる「鎖国」がはじまってからも、しばらくはそうだった。ところが一七世紀の後半には、清朝側の海禁励行と並行するかのように、日本との貿易は減少していく。戦乱・デフレと貿易制限。そうした康熙の景況が転換したのは、一六八〇年代になってからである。清朝は鄭氏政権を降して、海上の脅威が消えると、康熙二十三年(一六八四)、海禁を廃して貿易を公認する。これで大陸からの渡航も、海外からの来航もできるようになった。いわゆる「互市」のはじまりである。

そうした軍事的・政治的な局面転換にともなって、グラフ(七八頁)にもみえるとおり、経済景況も変化をみせた。はやくも一七世紀の末に、物価は低落がおさまって、安定に転じる。そして一八世紀の前半から、ゆるやかなインフレがはじまった。康熙帝・雍正帝の治世は、景気がどん底までいって、やがて回復をはじめる局面にあったのである。

こうして一八世紀の後半・乾隆年間を迎えた。物価はこの時期、ずっと右肩上がりで推移し、インフレ好況がつづく。奢侈は乾隆帝一人にとどまらない、社会の風尚でもあり、当時の経済景況のたまものであった。

考証学

流行した文化・学問も、そんな世相にふさわしい。考証学である。「実事求是《じつじきゅうぜ》」のスローガンのもと、一世を風靡した。一九世紀のはじめまで、その盛期がつづいたため、乾隆と次代の嘉慶《かけい》の年号とあわせて、しばしば「乾嘉の学」とも称する。

考証学とは古典を正しく読むために、その書かれた時代になるべく近い資料を網羅的に集めて対照し、文字の誤りなどを証明、訂正してゆく、すこぶる科学的な学問であった。いわゆる近い時代とは漢王朝であり、その文献の研究が主となったので、考証学を「漢学」と通称する。

清代最大の文化事業といえば、一八世紀後半・乾隆時代の「四庫全書」編纂だった。四庫全書とは当時、全土のあらゆる書籍を徹底して収集調査し、編纂刊行した一大叢書である。そのため当代一流の学者を動員し、編纂の過程で書物の中身も精査して、目録・解題もつくっている。その手法こそ、当代流行の考証学だった。

資料を大量に収集して逐一検証するような学問方法は、厖大な手間暇と金銭がかかる。政権主催のいわば国家事業だった四庫全書はもとより、個々人のレベルであっても、事情はかわらない。

そんな考証学が盛んだったのは、一八世紀はそれを可能にする社会状態、つまりたいへんな好景気だったからである。必ずしも裕福でなかった学者たちも、政府・商人から援助を受けて、考証学に打ちこむことができた。四庫全書の解題の「総目提要」はじめ、当時のおびただしい著述は、現在にも役立つ学問的な成果が少なくない。

知識人の方向

こうした考証学はつとに明代からはじまっており、明末にはほぼ成形化している。当初はむしろ古典の究明を通じて、現実政治に役立てる「経世済民」をめざすものだった。

一六世紀以降、民間・地域が力をつけ、広汎な教養・娯楽を求めた明代の文化は、庶民でもアクセスできるような通俗化・実用化の傾向が強かった。白話《はくわ》小説の『水滸伝』『三国志演義』、実用書の『天工開物《てんこうかいぶつ》』『農政全書』など、現代によく知られる書物をみるだけでも、その一端がわかる。

高尚な哲学の陽明学でさえも、例外ではない。いわゆる「心学」「講学」がスローガンである。日常生活にこそ道がある、心情・口述で学んで聖人になれる、ととなえる一派すらあって、かれらは文字・書物が読めない庶民にも、その教義をひろめた。そのなかから、孔子の是非にしたがわないといって、儒教の規範・権威を否定した李卓吾(一五二七〜一六〇二)のような人物も登場する。

そうした実用・実践的な風潮だったから、政治思想においても、現実の政治に役立てる「経世致用」が第一のスローガンとなってくる。リアルなところを正しく知る実証主義も、そこから興ってきた。政治思想は経書・史書をよりどころとするため、その内容を正しく読めなくてははじまらないからである。

実証主義・「実事求是」の考証学は、はじめはこのように切実な現実に対処すべくはじまった。したがって目前の外敵だった清朝をターゲットとする攘夷思想も、そこには横溢している。上に紹介した一七世紀の碩学・黄宗羲も顧炎武も、その典型だった。

そもそも孔子を疑うくらいだから、外夷・清朝など排撃して当然ではある。しかしそうした過激急進的な思想は、清朝の支配下に入ると、そろって急速に希薄化した。

文字の獄

なぜそうなったのか。「攘夷」思想のほうは、有名でわかりやすい。清朝の思想統制・言論弾圧によるというのが通説であり、それなりに納得できる。「文字の獄」が代表的で、いわば言論統制による筆禍事件とみてよい。イデオロギーに背き、権力者を誹謗する言論・表記・意図を含んだ著述・出版は、封殺されるのである。

これは決して清代にとどまらず、史上くりかえしおこった事件である。現代中国もまったく例外ではない。しかしとりわけ清朝で頻繁だったのは、漢人知識人の間に満洲人・清朝に対する攘夷思想が根強くあったからである。満洲人を侮蔑し清朝を誹謗する言説は、統治の障碍になるため、取り締まらねばならなかった。史書や詩文・科挙の出題などが摘発の対象となっている。

「入関」して君臨をはじめた当初は、漢人の敵愾心・反抗も旺盛だったし、それを恐れるあまり、清朝の側もいささか過敏、ヒステリックに失したかもしれない。「夷」という文字すら書くのが憚られ、違反者は極刑をもって脅かされた。それほど政権に自信がなかったことのあらわれでもある。康熙の初年には、関係者数十名が処刑、連座の流刑者は数知れず、という事件すらおこった。

漢人知識人は弾圧にふるえあがっただろう。萎縮したのにまちがいはあるまい。しかしその弾圧に応じて、他人の批判告発をくりかえしたのは、書物の読める知識人であり、言論を著すにあたって、自ら忖度追従したのも、著述に従事する知識人である。清朝の統制・弾圧だけで言論思想がねじ曲げられた、あるいは「異民族」支配による圧殺などとみては、いささか一面的に失するのではなかろうか。それはむしろ民国以後の「民族主義」・中国ナショナリズムに偏した評価だろう。

学術の帰趨

清朝の「文字の獄」ばかりではない。さかのぼって、新たな学問をとなえた李卓吾を死に追いやり、その一派の学問を「心学横流」といって非難、排撃したのも、大多数の漢人知識人である。それは清朝・満洲人とは何の関わりもない。そうした態度にせよ、経緯・結果にせよ、「文字の獄」の場合とさして選ぶところはなかった。要は排撃のターゲットが変わっただけであり、大勢・権力に対する迎合は、まったく同一なのである。あくまで知識人の体質、あるいは漢人社会の問題ととらえるべきだろう。

考証学が盛んだった清朝の時代、誰もがその考証学しかやらず、ほかの学問学派を蔑視する風潮が蔓延した。それも大勢順応で権力に迎合的、視野狭窄で異端に非寛容な漢人知識人の性向がしからしめたものにほかならない。

考証学は一定の結論を導くのに、資料の蒐集検討、批判立証と厖大な手続きが必要だった。「証拠がなくては信じない」とか、「一つの証拠ではダメ」など、多くの戒律がある。その手続きを満たすために精力を傾注しなくてはならない。

逆にそれさえクリアできれば、深い思索や高い見識は、必ずしも必要なかった。難解な観念・理論・ドグマを考えなくともよい。端的にいえば、本を手広く集める経済的時間的な余裕と、その本の字面を読めるだけの知的水準さえあれば、賢愚にかかわらず、誰にでもできる学問方法だった。

経世致用・切実な実学としてはじまったはずの考証学は、かくて恰好の保身と営為の手段へと堕していったわけである。この時代の知識人一般に考証学が流行、蔓延したのには、そんな条件と背景があった。

かたや清朝には、自らに対する敵意がないかぎり、そもそも考証学を抑圧するいわれはない。空理空論に陥りがちな宋明理学より、「実事求是」・実証主義の考証学のほうが、実直な満洲人の好みにもかなっていただろう。

さらに漢人の抵抗力を弱める効果もあったから、政策にも活用できた。たとえば四庫全書の編纂は、考証学に従事する学者を大量に動員して、かれらに糊口の資を与えると同時に、「攘夷」思想をふくんで清朝の統治を阻碍する有害な図書を捜査、検閲させ、摘発するねらいもある。漢人知識人を馴致するための、いわばアメとムチの事業、つまり「文字の獄」のバリエーションにほかならない。

二　経　済

「倭寇」・鄭氏と日中貿易

ともかくも乾隆時代、清朝が空前の好況を追い風に、漢人を馴致していたことはまちがいない。俗に「乾隆の盛世」と称し、とりわけ知識人は経済的にも文化的にも、その「盛世」を満喫謳歌した。

では、その好況・「盛世」を生み出した原動力は、いったい何だったのか。それには「康熙乾隆」、やはり先だつ康熙時代からみる必要がある。康熙の不況は上にみたとおり、戦乱・貿易制限と時を同じくして起こっていた。そうしたネガティヴな要因がなくなると、自ずから不況を脱する方向に転じた。

このデフレ不況の期間、何より痛感されたのは、商業の不振である。モノを作っても売れない情況をみな慨歎した。では、なぜ商業が沈滞したのか。需要が起こらないからである。なぜか。貿易が乏しかった、限られていた、というのが当時の認識だった。

こうした景況のありようはおそらく、明代にまでさかのぼる。貿易ができなくては経済活動に支障をきたすので、それを嫌った民間が、貿易の統制・禁止を強行しようとする当局の政策に抵抗をくりかえした。そのために生じた武力衝突が「倭寇」、あるいは「北虜南倭」という騒擾である。明朝政権の経済統制の失敗であり、そもそも体制の破綻を如実に示した事態だった。

ところが新興の清朝は、明朝よりもよほど有能な政権である。それなりに強力な政治力・軍事力を有していたから、必要とあれば、いわば力づくで交通の遮断を励行し、また実現できた。

一七世紀後半の海禁は、その所産である。その措置が全面的に成功したとも思えないし、「倭寇」の末裔たる鄭氏政権には苦しめられた。しかし前世紀の「倭寇」のように混沌とした、継続的な騒乱の再現にはならなかった。

たしかに清朝も強力だったし、鄭氏政権も大きな勢力だったから、政治的な争いとして、前世紀のような長期の混乱に陥らなかったといってもよい。しかしいっそう大きな要因としてあげられるのは、やはり日中貿易の減退であろう。

かつての「倭寇」は、「倭」とはいっても、必ずしも日本人ではなかった。しかし「倭」・日本から産出する金銀を中国にもちこむ人々であったことはまちがいない。そのために紛擾以上に貿易取引が増大したことも確かである。それほどに日本列島は、中国の貿易にとって大きな存在だった。

景気変動

ところが、世界で有数の産出を誇った日本列島の金銀の埋蔵は、ようやく枯渇しはじめる。それにともない、一七世紀の後半、日本との貿易はとみに減少してきた。その推移はあたかも大陸での不況の深化と足並みをそろえている。

この不況は一七世紀末、清朝が海禁を撤廃するや、まもなく終息した。このような推移から、中国の景気は貿易の消長に左右されるものということがはっきりする。

もっとも、日本との貿易がもちなおして、以前の隆盛をとりもどしたわけではない。中国に対する日本産品の輸出は、たしかにその後も銅や海産物など、需要のある品目に変わりながら継続した。けれども減退の趨勢は、一九世紀の終わりに至るまで、一貫している。なかんづく中国への銀供給は、康熙デフレが収束するのと前後して、ほぼ途絶えたといってよいだろう。

日本との貿易は一八世紀以降、このように減退したけれども、東南アジア・インドとの貿易が堅調であった。茶・磁器と香辛料・木材・米穀・綿花など、双方の特産をやりとりしていたもので、一八世紀の半ばまで、中国の最も重要な貿易だったといってよい。

しかしそれだけで、乾隆のインフレ好況をもたらしたわけではなかった。何といってもその要因は、西洋との貿易が加わったことにある。

海禁解除とほぼ同じ時期、主として広州に来て貿易を営みはじめたのが、イギリスなど西洋諸国の貿易商人である。もっともその量は当初、お話にならないほど少なかった。ところが一八世紀も後半に入ると、西洋からの商人がおびただしく中国にやって来て、急速に購買を増やしてゆく。その商品はやはり生糸・磁器など中国の特産物であり、とりわけ注目すべきは、茶であった。

欧米では産業革命を始動させていたイギリスを中心に、喫茶の習慣が定着しつつあった。茶

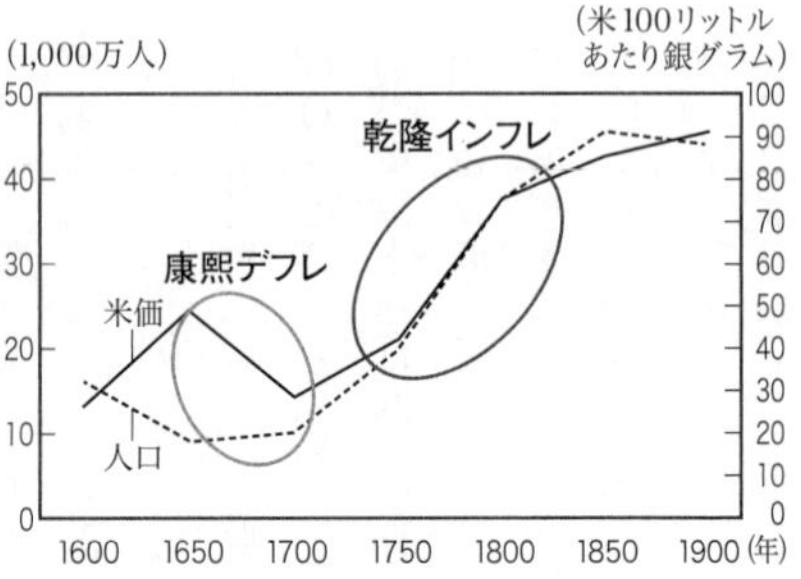

図 13　人口と米価の変動(康熙デフレと乾隆インフレ)50 年ごとの鳥瞰，米価は 10 年の平均値

は習慣性のある飲料なので、日常生活に欠かせなくなったからである。しかも茶は当時、世界でほぼ中国にしかできない。そのため中国茶の輸入も、右肩上がりで伸長した。

ところがアメリカ独立戦争の終結と一〇〇%以上だった高関税を忌避する密輸の猖獗で、イギリスの茶買付が円滑にいかなくなる。そうした情勢に応じて、イギリス政府は一七八四年、茶の輸入税率を十分の一に引き下げた。かくて西洋諸国は、いっそう大量の茶を買い付け消費するに至る。しかも中国の需要にみあう物産がなかったから、茶の対価として、大量の銀が中国に流入した。

こうして一八世紀の後半、西洋貿易の拡大と比例する形で、物価は上昇をみせてゆく。端的にいえば、銀が流入したことで、中国は好況になったということである(図13)。

ちょうど康熙デフレとは逆の事態、因果関係であった。一七世紀の前半までは日本・日中貿易が銀の供給地であって、一八世紀後半以降は、イギリス・西洋貿易がその日本に取って代わったのである。

要するに中国は貿易、もっと具体的にいえば、銀の流入いかんが景気を左右する経済の体質だったということになる。そこに由来する事象を抜きにして、明清時代の歴史を考えることは、およそ不可能だといってよい。そこで、そうした体質を形づくったしくみをごく簡単にスケッチしてみよう。

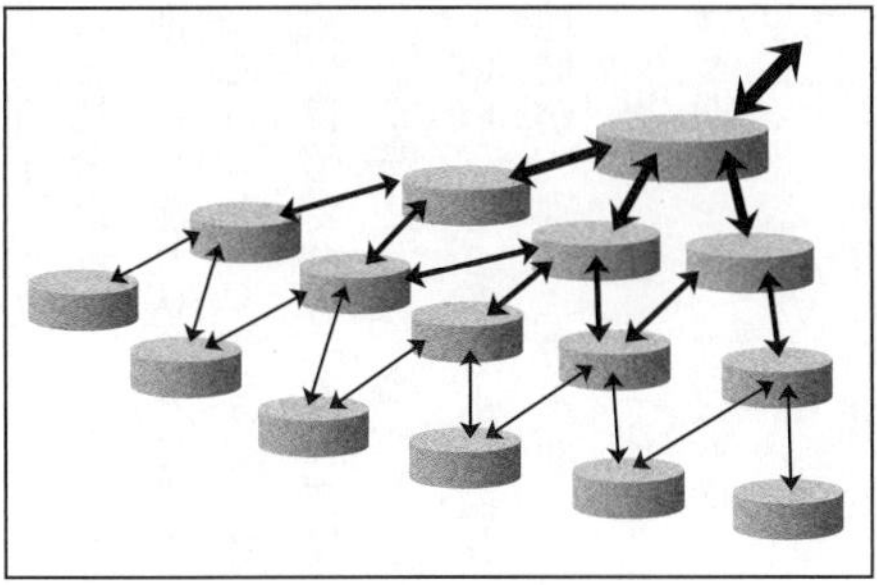

図14　貯水池連鎖モデル

変動をもたらす市場構造

中国内の経済規模に鑑みれば、貿易がそこに占める割合は、さほど多いとは思われない。もちろん正確な経済統計は存在しないものの、たとえば、当時の中国の国民純収入に比した貿易額の割合は、一・五％だったという推計・試算がある。同じ時期のイギリスは二六％にのぼった。

このような数値だけみれば、中国経済の貿易に対する依存度は少ない、という印象をもちかねない。しかし実情はどうやら逆のようである。それを説明するにあたっては、岸本美緒の卓抜な「貯水池群」の譬喩を拝借したい。

清代中国の市場構造は「水路でつながれた、段差のある小池」から流れ込む水で満たされた。

貯水池群」になぞらえられる。それぞれの「貯水池」は水路で結ばれ、「いわば動脈がだんだんと枝分かれして毛細血管へとつながっていくような構造になって」おり、より上段の「貯水池」から流れ込む水で満たされた。

この「水」とは貨幣・銀のことを、「貯水池」とは各地域の市場ユニットをたとえている。銀は貨幣であるから、市場に銀が入ってくれば、その代価としてそこから商品が移出された。「貯水池」に水が流れ込んで満ちるのは、その市場の商品に需要が起こってモノが売れることをいい、そこから水が溢れて別の「貯水池」に流れ込むのは、販売で利潤をえて余裕をもった地域が、別の「貯水池」＝市場の品物に対する需要を高めて購買したことにほかならない。

「貯水池群」に上から水が流れ込むように、各地の市場に銀がいきわたると、商品に対する需要が高まり、購買も増え、連鎖的に全体として好況になる。逆にいえば、貯水池に水が流れ込まなくなったとき、地域市場に銀の流入が止まったとき、商品の需要・購買も落ちてモノが売れず、不況に陥るだろう。それで影響を被るのは、商人や商品の生産者ばかりではなかった。当時の産業構造を全体的に俯瞰すれば、図15で示したとおり、いわば地方間の分業をなし、銀と商品の動きに依存していたから、多くの人びとがやはり連鎖的に収入の減少に苦しむことになる。これが康熙のデフレ、乾隆のインフレとしてあらわれた現象だった。

ここで重要なポイントが二点ある。ひとつは、「一つ一つの貯水池の底は浅」かったことである。外から絶えざる供給がないと、「水」がすぐ枯渇してしまう作りになっていた。つまり、各々の景気浮揚につながる商品の販売を生み出す需要は、ほぼ外からしか来なかった、内になかった、という意味である。

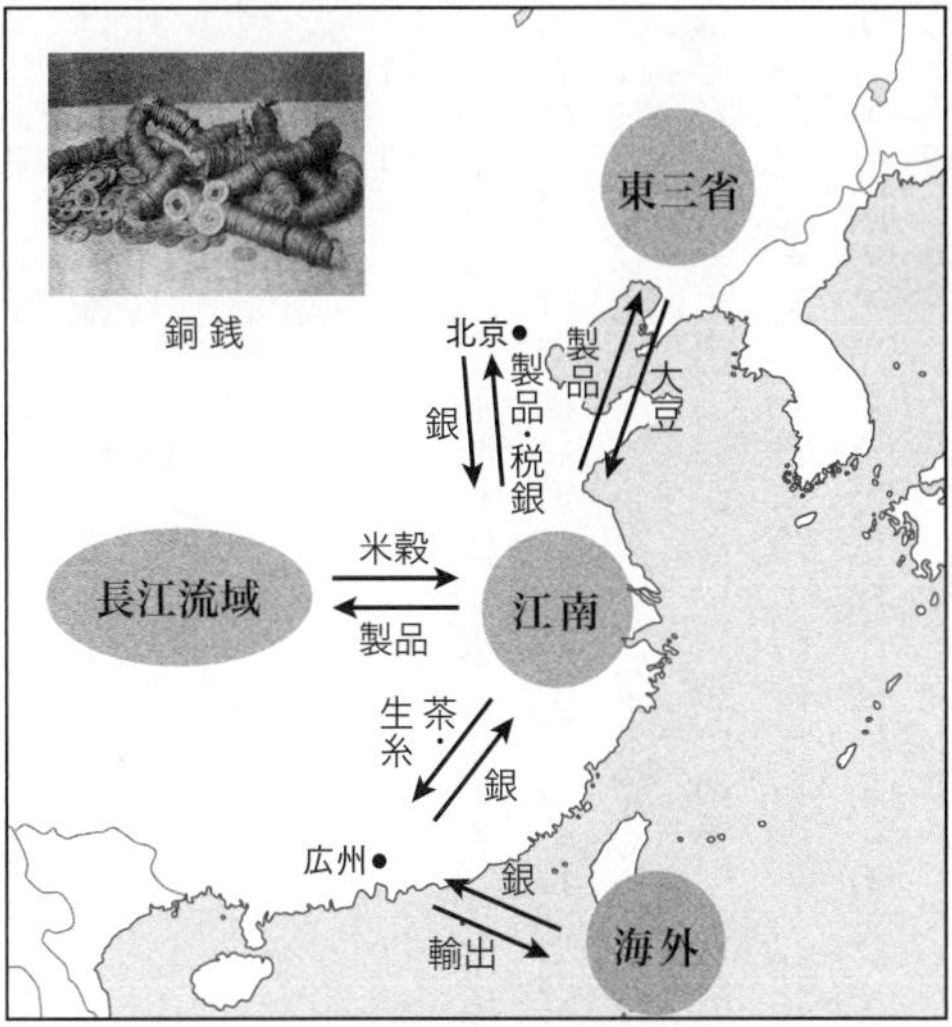

図15　地方間分業図(清代)

内需がごく微弱だったのは、とりもなおさず市場内部の自給率が高かったからであり、各「貯水池」は「水」が枯れても、ほかとの交易がなくても、ともかく存立は可能だった。しかし内部だけで富裕になれるほど、完結した経済構造だったわけではない。その景況は外部の動向に深く依存していた。

そして第二に、その「水」を流し込む水源である。「水」＝需要・銀の最大の供給元は何か、といえば、それは外国貿易であった。

生産・流通の拡大には、需要・銀が必

要である。しかも大陸では、明代からすでに銀鉱脈が枯渇していて、貨幣となる貴金属は、ほぼ海外からの輸入に頼らざるをえなかった。そうした条件が明清中国の外国貿易のモチベーションになっていたのであり、明代に「倭寇」をひきおこし、清代に「互市」の制度に落ち着かせたゆえんである。

幣　制

このように「貯水池」は「水」、すなわち市場は貨幣、によって規制される。しかしその貨幣とは、銀だけではない。銀は干満もあれば内外のフローもあって、動きの際だつものだった。それに対し、「貯水池」そのものを成り立たせながらも目立たない、そのなかを動くだけで、ほとんど外界に出ていかない貨幣がある。それが銅銭であった。

これはたとえば、日本の十円玉・百円玉の硬貨をイメージするとわかりやすいだろうか。いずれも外国でそのままでは使えないし、あえて大量に持ってゆく物好きもいるまい。あまりに低質廉価、大量に必要なので、持ち運びに不便だからである。それでも日本国内なら、どこでもそのまま通用し、日常にはなお欠かせない。

一つの「貯水池」＝地域市場の範囲と銅銭との関係は、上のような日本と円硬貨との関係とほぼ同じである。その外には出て行かない貨幣なので、景気の大きな浮沈には関係しない。けれども地域内部の日常的な流通に用いられ、貨幣量を安定させる役割を果たしている。

だとすれば、Aの「貯水池」とBの「貯水池」との間では、各々の銅銭に互換性はない。たとえ形状・品質・重量など、すべて互いに同じであっても、そうである。その価値は「貯水池」ごとに、まちまちでバラバラだった。銅銭だけではつながらないAとBとをつないだのが銀である。

銀と銅銭との間には、銀一両＝銅銭一千文という公定レートが存在した。しかしそれは表向きのことで、銅銭の価値は「貯水池」＝地域市場ごとにそれぞれ違っていたし、また銀の需給はたえず変動するから、銀銭比価も大きな幅がある。銀一両あたり、銅銭七百文のこともあれば、二千文以上にのぼることもあった。だから銅銭を日本の百円玉、あるいは韓国のウォン硬貨にたとえるなら、銀は変動為替の外貨のドルを想像すればよい。

銀は地金のまま流通した。授受にあたって一定の規格を求める場合はあったし、スペイン・ドルやメキシコ・ドルなど、海外諸国が鋳造した銀貨コインも流入し存在したものの、その形状は通用力や価値とは、ほぼ無関係である。各々の素材価値、すなわち純度と重さで通用した。その銀が中国全域レベルの長距離交易や税金の出納に用いられ、さらに海外の貿易決済でも使われたのである。

銀はそもそも、その海外から入ってくるものだった。中国内にほとんど産出しなかったから

そんな明朝の財政経済は、すでに本シリーズ第4巻で論及のあったとおり、貨幣を介在させない現物でのやりとりで組み立てられた。現物主義というべき政策・体制である。農業生産の復興をすすめるため、政府・権力・法制として、なるべく商業を忌避しようとした。通貨もごく限られた発行にとどめ、貨幣の代わりに金銀を使用することも禁じ、海外との貿易も厳しく統制したのである。

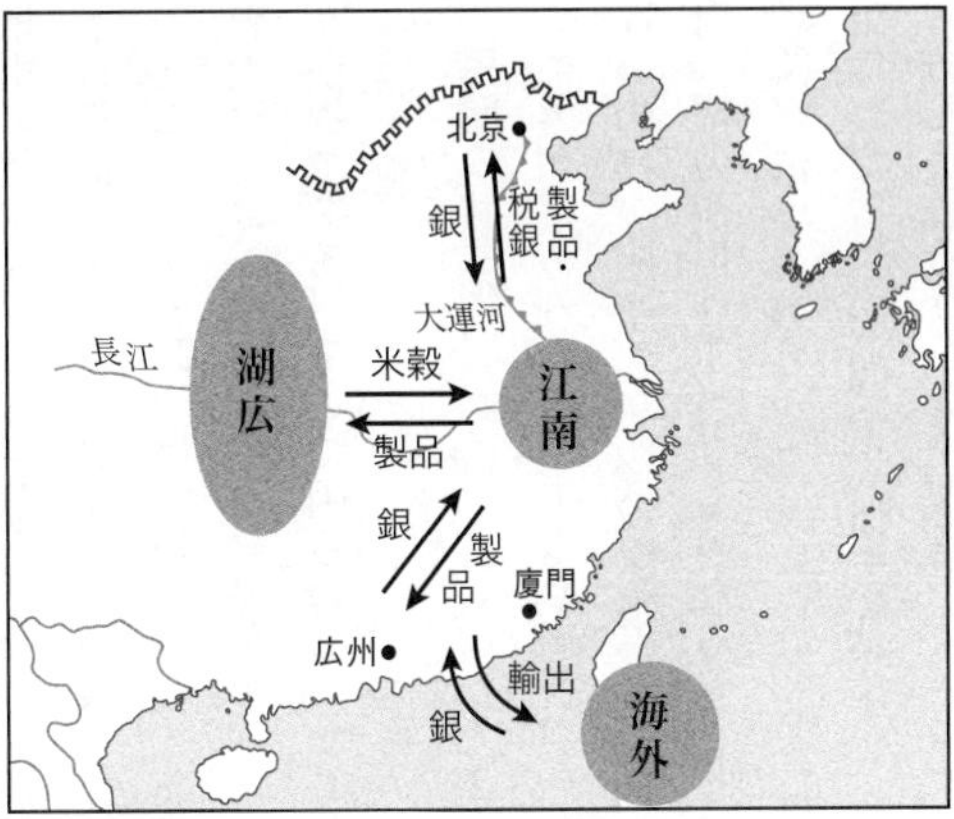

図16　地方間分業図(明代)

　それはさしあたって必要な措置だったかもしれない。たしかに当時の情況では、荒廃した農業のリハビリに適した善政ではあったかもしれない。また各地の経済格差を是正する政策意図も、あわせ有していたかもしれない。しかし永続してよい政策だったかどうかは、別の問題である。

　永楽以後の北京遷都で、大量物資の遠隔輸送が避けられなくなった。また農業が復興すると、余剰生産物が豊富になり、繊維工業が勃興した江南デルタをはじめ、各地で特産品が生産される。商取引の欲求は高まらざるをえない。社会はかくして、滔々と商業化・貨幣経済化に向かった。もはや商業・通貨を忌避する政策・体制は、時代に合わなくなっていたのである。

ところが明朝政権は、現物主義・商業忌避のコンセプトを決して捨てなかった。社会・経済の現実では、商業も流通も存在するのに、政治・制度の理念は、交易も取引も存在しないことが前提である。そこで困るのは、マーケットの現場であった。ここに転換が胚胎している。

民間の制度化

権力が定めるべきルールや通貨が存在しないでは、経済活動がなりたたない。そこに欠かせないのは、財産と契約の保護であり、信用の維持である。現代のわれわれの場合、それは政府・権力が担当すべきものだろう。しかし公権力がそうした保護をしない場合、どうなるか。理論経済学者のヒックスにいわせれば、「商人が自ら」保護をあたえ、「財産を守るために結束」し、「自身の間で規則を確立することになろう」。

あたかもそうした「理論」に相当する事態が、明代の中国で現実におこっていた。政府の体制が現物主義で、通貨の発行・管理を事実上おこなわなかったからである。民間社会が「自ら」取引上の「規則」や通貨を設定しなくてはならなかった。

そこで各地では宋代以降、大量に蓄積、残存のあった銅銭を鋳直して流通させた。必要な量を確保し、独自に価値を認定したこの私鋳銭で、日常的な小額取引をまかなうことにしたわけである。こうした私鋳銭の製造・使用も、私的ながら一定厳然たるの手続き・「規則」にのっとっており、そこから逸脱背反すれば制裁が免れない。

もっとも、その合意・「規則」は面識のある、信頼のできる関係者のみで合意したものであって、その範囲内でしか通用しない。見ず知らずの人たちには、何ら関わりのないことであった。私鋳銭はその範囲をこえた別の地域では、異質の、使えないニセ金となってしまう。だとすれば、異なる地域の間で交易するには、各々の「規則」にかかわりなく、共通に価値の信認できる外貨的な貨幣が必要であり、そこで貴金属の銀を取引に用いるようになった。

銀地金は海外でも流通していたし、かつてモンゴル帝国で信用の裏づけになった歴史的経験がある。これも公権力の意向・動向にかかわらず、民間の慣行で定まった通貨であった。学界でいわゆる銀銭二貨制であり、この場合の銅銭を「現地通貨」といい、銀を「地域間決済通貨」と称する。

そしてもともと現物主義で、そのコンセプトを最後まで崩すことがなかったはずの明朝の政府財政も、実際には早くから銀建てとなっていった。政府構成員といっても、生活は民間経済の中で送るしかない。そうした点で、いかに権力があっても、民間で定まった通貨に抗うことはできなかった。銀を入手しなければ暮らしていけないから、俸給・収入も銀を欲したわけである。かくて、なしくずし的な租税・徭役の銀納化や一条鞭法の施行などが必然化した。すべては明朝政権の制度が、民間の経済活動に呑み込まれた結果なのである。

銀銭二貨制へ

こうしてできた中国の政治社会構造を、清朝は引き継いだ。自らの非力を知悉する清朝政権が、まさか不用意に介入したり、手を加えたりして、混乱をひきおこす愚は犯さない。清朝の「因俗而治」は、社会経済でも一貫していた。現代でいえば、私法・民法・商法の領域に、公権力がほとんど容喙、干渉しなかった恰好である。

それでも一七世紀、大航海時代から明末清初の時期は、内外の政情も不安定だったから、こうした構造・体制はなお流動的・過渡的で、形成途上だったというべきか、明確な形に固まっていなかった。目に見えてそうなるのは、やはり康熙年間を経て政情が安定し、不況を脱してからのことである。

とりわけ銀銭二貨制は、そうだった。これがおよそ誰もが認める制度として定着したのは、一八世紀に入ってからである。そこでようやく、銀両建ての財政運営も定着したし、上にみたような銀銭の公定レートもさだまった。西洋諸国との「互市」が軌道に乗り、海外から潤沢な銀の流入が続いた一方で、地域市場に不足しがちだった銅銭を、清朝政府が自ら大量に鋳造したからである。清朝はそのため積極的に日本から銅を輸入し、それが不足すると、さらに雲南を中心に、銅鉱山の開発に乗り出しすらした。

もちろん清朝は、政府鋳造の銅銭を発行したからといって、従前のシステム・構造を変える力量も意思もない。その銅銭は国家が管理する通貨とはなりえず、おおむね各地在来の私鋳銭に代替したにすぎなかった。

地域によって価値信認のまちまちな、底の浅い「貯水池群」的な市場構造を引き継いだのである。銀銭二貨の幣制とともに「貯水池群」構造もこの時期、完成の域に達したとみることができよう。

四　分　岐

「盛世」か「衰世」か

ともかく一八世紀、海外からの持続的な銀の流入で好況の続いた清朝は、「乾隆の盛世」をむかえた。内外ともに政情は安定し、体制も成熟したといってよい。最高の地位にあった乾隆帝も、安んじて贅沢に耽《ふけ》ることもできたし、知識人エリートたちも思う存分、考証学に打ち込み、社交を楽しんだ。安逸を満喫しうる平和と繁栄の時代だったことはまちがいない。

もっとも、清朝・東アジアの全域でそうだったかといえば、どうだろうか。この場合、「全域」とは、タテもヨコもあわせ指している。「盛世」の平安・逸楽は、およそ社会の上層・沿海の都市部に限ったことであった。そことは異なる情況・推移も、やはり厳然として存在する。

そこでいま一度、「盛世」を定義した顧炎武のセリフを想起してみたい。「盛世には小官が多く、衰世は大官が多い」といったかれは、同時代の明末清初を「衰世」と断じていたのである。それから百年あまり、「乾隆の盛世」はその顧炎武の基準でみても、はたして「盛世」だったであろうか。

端的にまとめれば、「小官」が治めるべき、社会の大多数を占める庶民の暮らしは、よくなったのか、悪くなったのか、そして政権当局は、その庶民をどう治めていたか、という問題である。回答・結論を先にいえば、百年前とさして変わりなかった。あるいはいっそう悪化したかもしれない。

好況の持続と拡大は、個々人すべての富裕化を必ずしももたらさなかった。というのも、この時期、爆発的に人口が増加したからである。

人口爆発

騒乱と不況の一七世紀、一億以下に落ち込んだ人口は、一八世紀に入ると、底を打って増加に転じた。未曽有のインフレ好況は、この傾向をどんどん強めてゆく。人口は一八世紀半ばに、前世紀の三倍、三億に達し、なおも増加をつづけ、一九世紀に入ると、四億を突破した。当時としては、爆発的な増加だといってよいだろう。

以上の数字はおおむね漢人に関わる概数で、必ずしも正確な統計ではない。それでもおおよその規模は、そうかけ離れてはいないから、トレンドは十分にわかる。

いかに好況で暮らしやすくなったからといって、なぜこれほど急激に人口が増えたのか。その究極的な原因はわからない。それをつきとめるには、経済的な考察だけでは不十分で、当時の均分相続などの社会慣行、個々人の行動様式、それを導く倫理・死生観にまで、立ち入って調べる必要があるだろう。また原因が単一であるとも考えられない。

原因は摑みにくいけれども、経過と結果はみやすいところである。厖大な銀の流入・貨幣の供給による需要の喚起と交易の促進、それに刺激された物価の高騰上昇と生産の拡大が、人口激増の動きと並行していた。グラフからもわかるように、物価の上昇と人口の増加は、ほとんど歩調を合わせた趨勢である。いずれが因なのか、果なのかはともかく、両者が相関関係にあったことだけはまちがいない。

全体で富が増えても人が増えれば、一人あたりの取り分は少なくなり、暮らしはよくならない。誰でもわかる道理ながら、これを経済成長理論にまで高めたのは、マルサスである。しかし原理・現象に気づくだけなら、マルサスばかりにとどまらない。当時の漢人にも、同じ趣旨をとなえた洪亮吉《こうりょうきつ》(一七四六〜一八〇九)という人物がいる。

農民は以前の十倍に増えたが、田地は増えていないし、商人も十倍に増えたが、貨物が増えたわけではない。……これでは年中つとめても、生涯余裕なく、品行が正しくとも野垂れ死し、悪ければ掠奪に走りかねない。

時に一七九〇年代前半、『人口論』とほぼ時を同じくした論著の一節である。もちろん「十倍」は正確な数値ではないし、マルサスほどの理論にもなっていない。しかし人口増加のスピードが、耕地・生産の拡大をしのいで、社会が全体として貧困化し、治安が悪化に向かうという悪循環を明快に指摘した。危機感は十分に伝わってくる。

洪亮吉はのちに時政の批判を直言したため、時の嘉慶帝(在位一七九六〜一八二〇)の逆鱗に触れて流罪に処せられたくらいの人物だから、当時の官僚としては世情をよく見ていた。後述のとおり、その危惧は不幸にも的中する。

移民

「増えていない」既存の田地だけで「増えた」人々を養うには、もちろん限界がある。とにかく生産の拡大、耕地の拡大が必要であって、そのためには、未開地を開拓しなくてはならない。

当時、傾斜地でも栽培できるタバコ・トウモロコシ・サツマイモが、新大陸から伝わって中国にも普及していた。前者は嗜好品で商品作物、後二者は主穀に代わりうる作物である。そこで土地からあぶれた人々は、江西・湖北・湖南・広西・四川・貴州・雲南の山地に向かった。山あいの土地に粗末なバラックを建てて移り住み、山林を伐採、焼畑を作って、トウモロコシ・サツマイモで飢えをしのぎつつ、タバコを栽培し木炭を焼いて販売し、かろうじて生計を立てたわけである。

以上が典型的な移民の暮らしぶりであり、もとより楽な生活ではない。略奪的な焼畑農法では、収穫は不安定で地力も奪われたし、森林の破壊で土砂流出など、災害の危険も高まる。およそ生存ギリギリであった。

そんな移民はおびただしかったから、移り住んだ先は、山岳地帯ばかりではない。海を越えて台湾や海外諸国にも渡ったし、あるいは内陸のモンゴル草原や東三省《とうさんしょう》にも、移住の波がおよんだ。とくに後者は注目に値する。

清朝の入関で多くの満洲人が北京に移ったのち、いよいよ人口希薄になった東三省に、多くの漢人の移民が入植した。そうした動向は一七世紀の後半からはじまっていて、一七四〇年には「封禁《ふうきん》」といって、移住禁止の命令が発せられる。

東三省はあくまで清朝興起の故地であるから、清廷としては、目に余ったのかもしれない。それでも一八世紀の後半、好況にともなう人口増加による移民の波は、もはやとどめることはできなかった。禁令は有名無実と化して、森林地帯だった満洲人の故郷は、やがて漢人の住地となり、一面の農地に変貌した。

ヌルハチが興起したころ、奢侈品の人参・貂皮が東三省の特産品だった。しかし当時になると、脚光を浴びた作物は、このあたりも原産地だった大豆である。食用としての大豆そのもの、およびそこから搾取する油はもちろん有用だったし、また搾油後の豆粕がよい肥料になるので、有望な商品作物としてたちまち普及した。東三省産出の大豆は以後、中国の特産品の一つとなって、内外の市場に出荷され、重要な地位を占めたのである。

貧困化

人口爆発にともなう貧富の懸隔は、一六世紀から顕在化しつつあった趨勢ながら、この時期にいわば普及し定着した。具体的なエピソードも、さまざまな記録に頻出するようになる。場所も都・鄙を問わない。

まずは都市部。一九世紀のはじめごろの広州では、わずかドル銀貨十数枚の資本さえあれば、金貸しができ、その利息で食べていけた。「十数元」で金融資本家になれるような、ごく少額の貸借が頻繁におこなわれていたということである。

また一九世紀末の揚州では、民間の慈善家が資金を出しあって「借銭局」を設け、貧民向けに銅銭八百文から五千文まで、無利子の貸付をおこなった。二千四百戸以上、総額四百万文あまりの貸し出しがあったというから、一戸あたり平均して一千六百文あまり。銭一千文＝銀一両の政府の公定レートで単純に換算すれば、銀一・六両＝約六十グラムであり、それだけで生業の元手になりえた。

実際にはもっと少ない額の事例もあっただろうから、いかに小規模の生業だったかがわかるし、いっそう零細な販売・消費が普遍的に存在していたこともみてとれる。零細な売買とは、貧困生活にほかならない。

揚州の場合、無利子の融資だったので、美談として記録に残った。だから通常はそうではない、という意味である。

この時期、そうした零細な融資の需要にこたえるため、「典当業《てんとうぎょう》」が大いに発展した。一種の質屋である。そうである以上、その利用も質種・抵当あってのものだから、抵当に乏しく、融資の需要が高ければ、必然的に金利は上昇する。金利が高いのは、元利回収のリスクが高いことを示しており、それだけ紛争も起こりやすい。

その背後にあったのは、おびただしい貧民の存在である。既存の田地で就業できずに、農村からあぶれた人々は、未開地に移住するほか、都市にも流入した。かれらはとにかく日々の糊口をしのごうと、あるいは貧しい境遇からはいあがろうと、なりふりかまっていられない。限られた資本を限りなく奪い合う、激烈な競争である。いよいよ信用は限定され、金利も上がった。当時のヨーロッパ人の記録に中国の高金利をいわないものがなかったのは、このような社会情況に由来する。

都市ばかりではない。農村の貧困はもっと深刻である。狭小な耕地を小作する農民なら、商品作物ばかり作っているわけにはいかない。零細な経営では、産物が売れなくてはすぐ財産を失って、生活できなくなるからである。生存のため自給目的の生産がどうしても欠かせない。

こうした行動様式が、上に述べたような「貯水池」の底の浅さを生み出した。つまり地域市場内部の自給率が高く、内需が小さかったのは、大多数の貧民の生存本能にもとづいていたのである。

そんな自給をともなう経営で競争に伍してゆくには、何よりも安価な生産が必要で、可能なかぎりコストを切りつめなくてはならない。まっ先に減らされるのは、節減のたやすい労働コストだった。自身で働けばよいからである。こうして労働・サービスへの対価は、限りなく低く抑えられ、ほとんど無償があたりまえになった。この趨勢もまた都・鄙を問わない。

華人が「苦力《クーリー》」とよばれ、苛酷な使役に耐える低廉な労働力だと世界的に評されたのも、こうした経済構造・行動様式に由来する。人口も依然、右肩上がりで増えたので、いよいよ貧困に拍車がかかり、貧民の境遇は固定していった。

東と西

しかしことは、貧民だけにとどまらない。富める者は好況のおかげで、ますます裕福になった。その典型であり、また範を垂れたのが、ほかならぬ時の天子・乾隆帝である。「乾隆の盛世」では、かれを筆頭として、奢侈の風潮が都市の富裕層を中心に瀰漫して、絢爛たる消費文化が展開した。

しかし同時代のヨーロッパのように、事業への投資・資本の蓄積はすすんでいない。いわゆる産業資本が育たなかったのである。なぜか。

これはマルクス以来、古くて新しい問題で、マルクス史学が顧みられなくなった今も、歴史学界のメインテーマの一つである。産業資本・資本主義が西洋に誕生したこと、逆にいえば、中国では自生的に出現しなかったことをどう位置づけ、評価するか。それこそマルクスよりこのかた、その答えはいくつも出ていて、その是非もふくめ、とてもここで枚挙する暇はない。

とにかく一つ確実にまちがいがないのは、東西の様態が異なっている、流行りのことばを使えば、「分岐」している事実にある。いつなぜ違いがあらわれたかの詳細な全容は、たとえ解明できなくとも、「分岐」に対する一定の説明はしておかねばなるまい。

奢侈・消費が盛んなのに投資ができないのは、貸借のリスクが大きく、資金の回収が難しかったからであり、金利の高さもそれを物語る。高利をもたらした原因は、貧民の借り手が多く増えつづけたことばかりではない。

大きな事業資本をそろえるには、いかに裕福でも自己資金だけでは足らない。なるべく多くの人から、遊休の資金を集めるのが捷径である。その場合、何より重要なのは信用であり、見ず知らずの人に資金を貸しても、確実に返済してもらえる保証が欠かせない。不特定多数の人からそうした貸与・投資をうながすような、リスク回避のしくみが必要なのである。

それには、ヒックスのいう公権力・国家による「規則」、具体的にいえば、権力による広域的、統一的な金融の管理・市場の規制・背任への制裁を可能とするようなしくみを構築しなくてはならない。また現代の感覚でいえば、それぞれの民間企業に会計監査や破産手続などを義務づけたほうがよい、ということにもなる。

ともあれ世界史上、そうした制度を創出できたのは、イギリスのいわゆる「財政＝軍事国家」であり、私見ではイギリス・西欧にしか、そうしたシステムは発祥、ひいては発達、完成することがかなわなかった。イギリスを嚆矢とする株式会社や銀行・公債がその典型であり、上下・官民いずれにも適用される共通の法制が、政治・経済・社会を組み合わせて一体的にコントロールする、という制度構築がその根幹にある。

私法・民法・商法の領域・民間の社会経済に、権力が介入できたかどうか。西は是であり、東は非だった。そこに「分岐」の核心がある。

貸借の保証はそのため、東では個々人間の信頼関係でなりたたせざるをえない。信用はその範囲にしか及ばないから、金銭を貸借できる対象も、自ずから限られる。投資したところで回収できないので、余剰・遊休の資金は奢侈に費やされるのでなければ、市場に出ずに退蔵されてしまう。

これでは、いかに富民でも、大きな資本がもてない。そのため「盛世」の事業資本は、われわれが想像するよりも、はるかに小さかった。たとえ富裕な大商人であっても、たえず運転資金の欠乏に苦しんでいたのである。貧民はもとより、富民も限られた資本を奪い合い、決して安穏を約束されてはいなかった。

五　構造

官民乖離

ここでもやはり、公権力の「規制」の不在に一因がある。そこであらためて、顧炎武のフレーズをふりかえってみたい。当時の公権力のありようを考える手がかりになるからである。もっとも「盛世には小官が多く、衰世は大官が多い」というだけでは、あまりに短すぎるので、もう少し前後もみなくてはならない。

前段では、小官が頼りにならないので、「大官の上に大官を置いて不正を取り締まろうとしているが、下にその職務を分担する者がいない」と説く。そして続きでは、明朝初期「洪武帝の時代は」、まだローカルに密着した小官も多かったと述べたうえで、一五～一六世紀に入ると、小官は削減されて「以前の半分もいなくなり」、「総督が増加した」と断じた。

「小官」は文字どおり位階の低い、地方末端の県知事以下の人々をイメージすればよい。それだけ庶民・民間に直接、密着した存在だった。民間社会と向き合う官僚が、相対的に減少したというわけである。逆に「大官」は多くの下僚を抱えているので、庶民・民間からは遠く離れた存在であった。したがって、先にも引用した短いフレーズもあわせて考えると、明代のはじめは、政府権力がまだしも民間社会をそれなりに統治していたけれども、大航海時代以降、そうではなくなったのだ、と読むことができるだろう。

「大官」ばかりが多いと、民間のローカルな実態に目がゆきとどかなくなるので、実効的な統治がおぼつかず、秩序が紊乱する、というわけであった。民間社会の力量が増大し、政府・権力にノーをつきつけ、たとえば銀銭二貨制のシステム形成がはじまったのと軌を一にした現象である。それが明朝一代、二百年を通じて形成をみた政治と社会との関係だった。政権当局がもはや民治の実態と必要に追いつけないような体制になっていたのである。

一言でいえば、官民の乖離にほかならない。明末になると、そうした情況のなか、各省のレベルで総督・巡撫のような「大官」が設置され、県以下の末端のレベルで、そこにヘゲモニーをもつ郷紳たちが台頭してきた。乖離とはいいながら、官・民が完全に分離し、バラバラになってしまわなかったのは、両者の間をかろうじて郷紳がつないでいたからであり、かくて時代が下れば下るほど、こうした郷紳など、いわば媒介項の役割の比重が、次第に高まってくるのである。

中間団体

明代にできあがったこうした漢人社会の構成を、清朝はそのまま継受せざるをえなかった。民政・民治の改善に努めたはずの雍正帝の精励とその成果が、官界内部にとどまったあげく、けっきょく無に帰したのも、こうした官民乖離のしからしめるところだった。

それでも、雍正帝の改革が当面、曲がりなりにも実効があったとすれば、乖離の隔たりが減じる可能性は、なお残っていたのかもしれない。だとすれば、官と民・政治と社会が乖離してゆく趨勢を決定的に不可逆にしたのは、グローバル規模の世界経済の形成から生じた一八世紀の好況であり、漢人の人口および移民の増加であった。

民間社会の実情に通じ得ず、動きについていけない政府当局は、人口の爆発・移民の流動という情勢にほとんど対応していない。人口は四倍になっても、公式の官僚制はほぼかわらない規模のままだった。たとえば財政収支は、ほぼ同じ額で推移したし、インフレだったことを考慮に入れれば、むしろスケールは縮小したといってよい。それでも、目立った支障がなかったのは、行政がもともと民間の社会・経済にあまり関わっていないからである。

では民間に関わる政務は何かといえば、主に税金の徴収と犯罪の処罰であって、それぞれ「銭穀」「刑名」といった。それも実務は、おおむねコミュニティのごく少数の顔役、つまり郷紳や紳董《しんとう》に請け負わせていた。いわゆる「包」「包攬《ほうらん》」である。当時の英語表現を借りれば、官僚制は「自己の保存《オウン・メインテナンス》」しか考えないウルトラ・チープ・ガバメントだった。

通貨の設定をはじめとして、日本人の感覚なら行政の業務・サービスとみなすことがらの多くは、民間がゆるやかな組織を独自に結んで実施している。筆者が「中間団体」と総称するその主体は、実際には結合の契機によって、種々の形態があった。

「宗族」という血縁関係の集団もあれば、地縁でまとまる同郷団体もありうる。また同業の場合も少なくなく、西洋人は「ギルド」と呼んだ。漢語では「会」「幇《バン》」と称することが多く、いずれも仲間の集まりという意味である。同郷なら「寧波幇」「恵潮幇」のように地名を冠し、

「育嬰」「救貧」など慈善事業に特化すれば「善会」と称した。揚州の借銭局もそうした慈善事業の一例で、もちろん揚州だけに限ったものではない。そのほか医療・介護・埋葬など、日常生活に深く関わる社会福祉の機能を担った。

これに対して、政府権力は納税と刑罰を強いるだけの存在だった、といっても過言ではない。民間社会からすれば、無用どころか、有害な存在にほかならない。中間団体の代表者の郷紳・紳董を介した当局にひとまず服して、あえて反抗しなかっただけである。

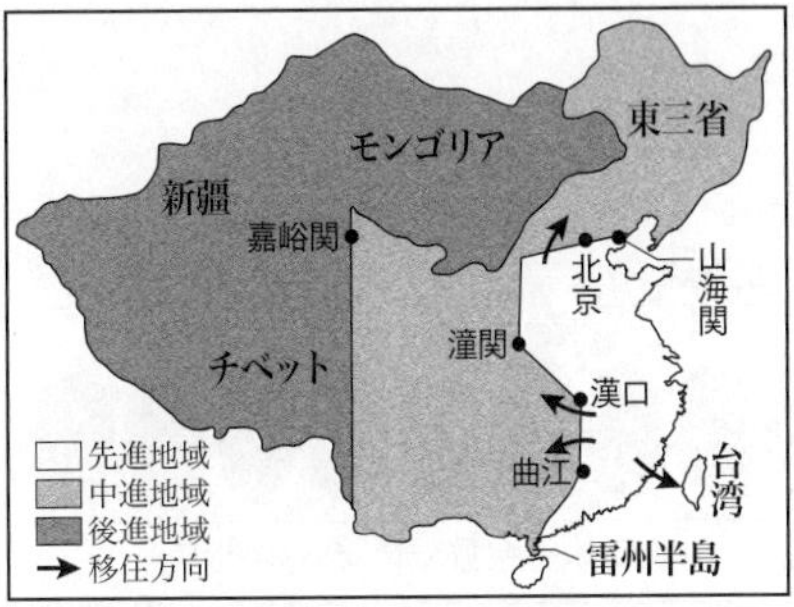

図17　景気変動・人口爆発と移民の動向（18世紀）

ところが一八世紀も後半になれば、人口・移民の増加で、公権力の手の及ばない中間団体が増殖した。新来の移住民に既成社会は冷たく、迫害を加えがちなものである。そこに当局の目は往々にして届かないし、たとえ届いても、有力者に荷担することが多い。移民がそれに不満を募らせ、反体制的に傾くのは、理の当然である。

その結果、新開地では当局に反撥し、いわゆる「淫祠・邪教」を奉ずる秘密結社・宗教団体が、おびただしく生まれた。政権をふくめ敵対勢力が危害を加えると、である。したがって銀の流れに「貯水池」＝地域市場の境界はあったけれども、国の内外というような区別は存在しない。海外の国際的な流れをそのまま、中国内に引き込んでくる形をとっており、それを制度的に保証したのが「互市」だった。海外諸国との交易の「互市」に、政府権力がなるべく干渉しなかったゆえんである。

三　社会

明代にさかのぼって

それなら、そもそもなぜ、こんな銀と銅銭の二重構造になっていたのだろうか。一国内部に複数の貨幣が、各地に重層的に併存し、相互の間で相場が変動する、というのは、われわれの常識では考えにくい。

けれどもそれは、当時の中国を「一国」、現代と同じ国・システムだとみるからである。前提とする考え方・常識のほうがまちがっているとみたほうがよい。それを正すには、明代までさかのぼってみる必要がある。

明朝はいわゆる「一四世紀の危機」、元末大乱のあとを受けて成立した。当初の政権が遂行した経済政策と制度設計は、何よりも騒乱からの復興と中華の統合をめざしていたのである。

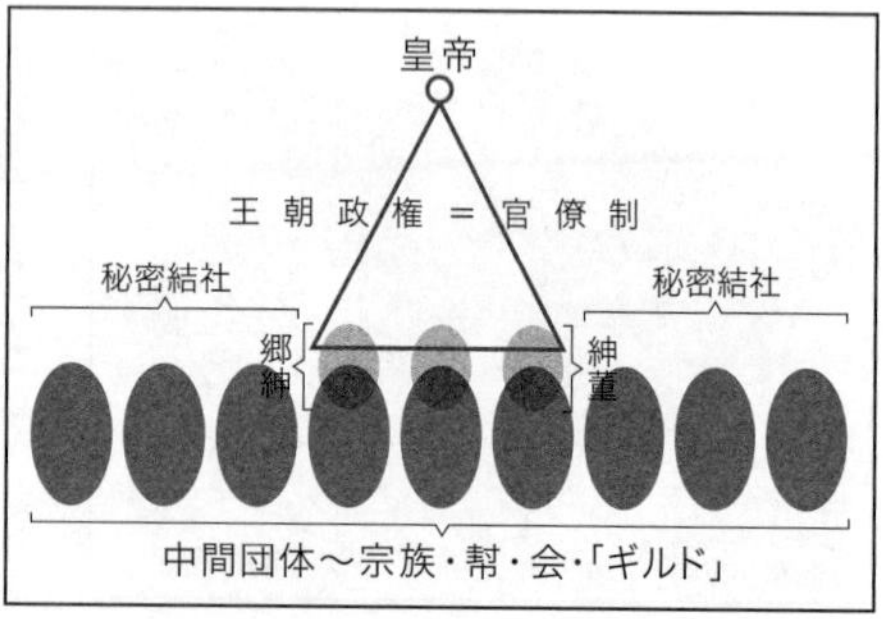

図18　社会構成のイメージ

武装して反抗し、しばしば大きな騒擾に発展する、というパターンが、一九世紀以降くりかえされることになる。明代に定着した官民の乖離と相剋がいっそう拡大したのが、清朝の時代であった。

イメージにしてみると

以上を図示すると、図18のようなイメージになろうか。すでに拙著でくりかえし載せた図ではありながら、都市化の推移という別の観点からも、あらためてその裏づけが可能である。まず後に掲げた図19の集計表のほう。中心地をなす都市の規模と機能で、Ｉ〜Ⅶの階層に分類してある。

Ｉが首都、Ⅱが全国的機能をもつ地方の大都市、Ⅲが地方の中心都市、Ⅴが最小単位の行政都市で、ここまでが権力の浸透している範囲であり、それより下位のⅥとⅦは、人口三千人未満の純民間・権力不在の市場町・マーケット聚落を指す。それぞれ明末の一七世紀・清代の一九世紀の概数を掲げて比較してみた。

Ⅴに比べてⅥ・Ⅶが多いほど、行政の目が民間まで行き届いていないこと、つまり権力が下

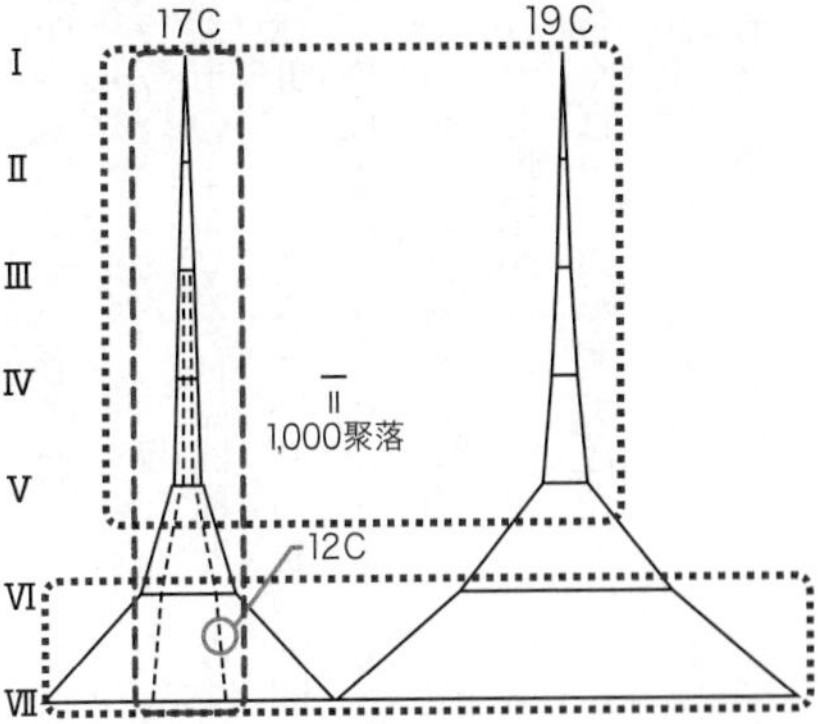

中心地の階層

階層	機能	人口(19C)
I	首都	1,000,000
II	全国的大都市	300,000-
III	地方中心都市	30,000-
IV	中位行政中心地	10,000-
V	下位行政中心地	3,000-
VI	中間市場町	3,000 未満
VII	基層市場町	3,000 未満

中心地数

	12C	17C	19C
I	1	1	1
II	0	3	9
III	30	42	100
IV	60	90	200
V	400	600	700
VI	1,800	2,500	10,000
VII	2,000	12,000	24,000

図 19　中心地の比較

まで浸透していないことを意味し、顧炎武のフレーズでいえば、「小官」の少ない状態である。潜在的な反乱分子も育ちやすい。

さらに以上の集計表を図にすれば一目瞭然、図19のイメージにおおむね重なる形になる。一七世紀から末広がりの形に転じた。一二世紀・宋代の数字と図形もあわせ比較してみると、その形状がかわったのがよくわかる。

行政都市のⅠ〜Ⅴを官僚機構とみなすと、そのスケールはほぼ横ばい、不変だった。「大官」のほうはⅡ、下ってもせいぜいⅢの範囲しかカバーしない。いくら増えたところで、数は知れている。それに対して、Ⅴがあまり増えないのと同時に、増えない「小官」がカバーすべきⅥ・Ⅶという行政管轄外の民間聚落の規模が、突出して拡大した。

つまり一七世紀から一九世紀への推移が、顧炎武のいわゆる「衰世」にあたる。その内実とはまさしく官・民の歩調が合っていない、官・民の乖離だったといってよい。本シリーズ第2巻が「江南」という場から観測、展望した非対称な「国づくり」と「人つなぎ」のいわば最終形態であり、清代・一八世紀に定着し、ますます顕著になった。これが以後の中国社会の枠組みをなす。

第四章　近代

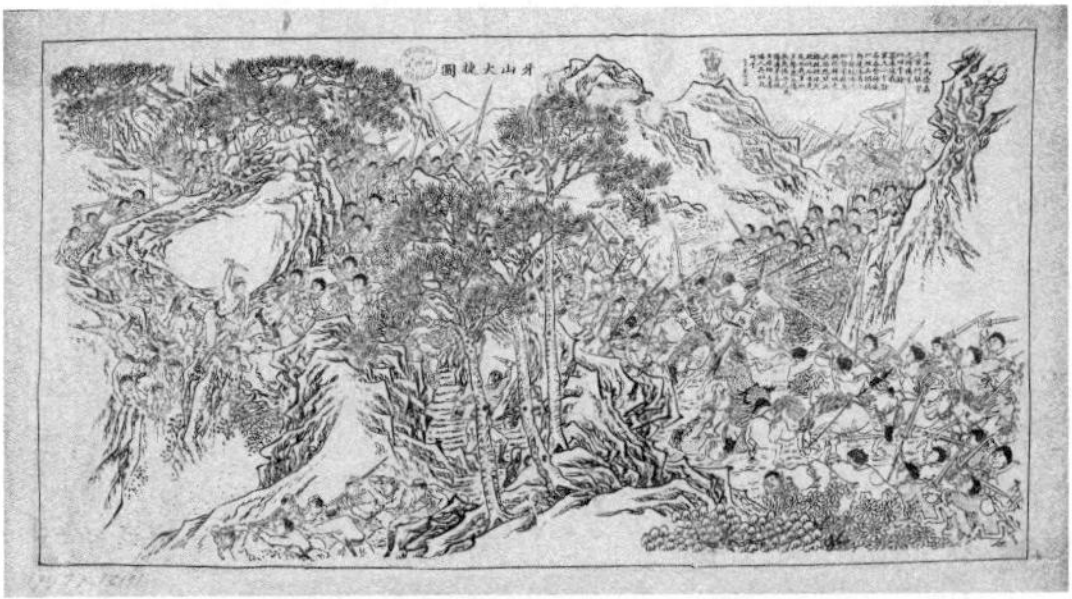

日清戦争（牙山《アサン》の戦いを描いた中国画）

一　矜持

漢人社会のプレゼンス

一八世紀の前半におおむねできあがった清朝の体制は、それぞれ異なる種族が、在来的な政治・軍事・宗教・経済の長所を生かすことで、均衡を保っていた。そのうち前章で目立った人物・事件にほとんど言及せずに、漢人の社会構造ばかり述べてきたのは、最も代表的かつ重要だからである。図18で描いたような構図を念頭に置いておけば、以後の史実経過もわかりやすくなるはずだと判断した。

こうしたイメージで表現できる漢人社会に関する統治体制が、清朝全体の基本的な構成原理を代表している。在来既存の社会の上に、君臨／監視がいわば乗っかっている、というシステムを本書では「因俗而治」と呼んできた。

その発現のしかたは、もとより互いに異なる。漢人には図18にもあるとおり、「皇帝」支配・科挙「官僚制」だったのに対し、モンゴルは盟旗制という一種の部族制、チベットはチベット仏教の高僧ダライラマの祭政一致だった。在来の政治制度も社会構成も、それぞれに異なっていたからであり、各々ちがった対応となった結果である。けれども清朝の当局が上に乗っかって君臨／監視している、という点で、組織の粗密の違いこそあれ、漢人であれモンゴル人であれチベット人であれ、基本的な構成原理はかわらない。

場所・集団・種族によって、在来の社会・組織のありようはさまざまで、したがってこのように統治方式はまちまちながら、その原理は一定していた。そしてここで漢人社会にのみ、大きな紙幅を割いたのは、その規模・変化が突出して巨大で、また当時いっそう大きくなって、周囲・後世に圧倒的な影響を与えたからである。

三田村泰助はそうした様相を描き出して、巨大化した漢人社会を「象」に譬え、「御者」たる清朝の手綱《コントロール》も効かなくなって、ほかの種族を「ひきずっていった」と表現した。けだし至言だろう。以後の時代に本格化するその局面は、早くも一八世紀末には顕在化しはじめていた。

新　疆

乾隆帝が即位したさい、なお清朝の存立は盤石ではなかった。少なくとも当事者がそう感じていたのは、おそらくまちがいない。最大の敵対者が、厳存していたからである。康熙時代からモンゴル・チベットを争覇してきたジュンガルは健在で、そのプレゼンスが安全保障上、依然として最大の課題だった。

ジュンガルは雍正年間にもひきつづき、活潑な軍事活動を展開している。その勢いはふたたび、東方ハルハにも及んできたため、清側との軍事衝突もおこった。勝敗こもごもあったすえ、一七三九年、ジュンガル側の遊牧が、アルタイ山脈以東に及ばないことでひとまず合意し、何とかジュンガルのモンゴル高原進出をはばんだ恰好である。

清朝がこのように乾隆に入っても、なおひしひしと脅威を感じつづけていたところ、局面が一変した。英主のガルダンツェリンが一七四五年に歿すると、ジュンガルの内部事情が急転したからである。

統率を失ったジュンガル部族は、やがて分裂し、内紛状態となった。そのなかでジュンガルの当主を擁立し、実権を握った部族長がアムルサナー(一七二二?〜一七五七)である。ところが一七五四年、かれはその当主との関係が悪化して逃亡、清朝に投降してきた。

この機を逃す手はない。乾隆帝は翌年、五万の軍を動員、アムルサナーの手引きで、天山山脈の北にあるジュンガルの本拠イリ渓谷に進攻し、わずか百日で当主をとらえたのである。

清朝は降したジュンガル・オイラトの人々を分割統治しようとした。これに不満をつのらせた野心家のアムルサナーは、反乱を起こして清朝の勢力を駆逐し、オイラトを掌握する。清朝側は一七五七年、あらためて遠征軍を編成し、アムルサナーをやぶって天山北路を征服した。

それまで、チベット仏教を信奉するオイラト・ジュンガルは、オアシス都市が点在する天山山脈の南側、天山南路に暮らすトルコ系のムスリム住民を支配していた。清軍が天山北路を制圧して、ジュンガルの支配が消滅すると、南路のムスリムは盟主のホージャ家を中心に自立をはかる。

清軍は南路のムスリムたちが服従しないのをみて、翌五八年、大挙して進攻し、次々にオアシス都市を陥れ、翌年には東トルキスタン全域を制圧した。この天山南北路あわせた地域は「新疆」と命名される。「新しい疆(=境)地《ニュー・テリトリー》」の謂である。

皇清の中夏

「新疆」の成立は清朝にとっては、とりもなおさず百年来最大の宿敵・脅威の消滅であった。三百年つづいた清朝の歴史の分水嶺をなすといってよい。時期的にも一八世紀の半ば、ちょうど真ん中の折り返し点にあたる。確かにこのあたりから、清朝の相貌も行動も、変化をみせてきた。

これで盤石と思ったのか、乾隆帝も自信満々だった。そうした矜恃を端的に示したのは、著名な「皇清の中夏」という言辞であろう。「中夏」はすなわち「中華」、まったく同じと考えてよい。漢・唐・宋・明の「中華」とは異なる、モンゴル・チベット・ジュンガルをも併せた、清朝独自の「中華」だという誇示だった。

ところがこの場合、異なっていたのは「中華」の空間的範囲にすぎない。術語概念の含意は、ほぼ漢語そのままである。漢語の論理・観念では、「天下」は「中華」と「外夷」から成ると措定する。「華」「夷」の二分法である。「中華」以外が「外夷」であるから、「中華」の存立には、どうしても「外夷」が欠かせない。

漢人・漢語・儒教しか相手にしないなら、「華」「夷」の二分法が最も説得的である。漢人以外にも、朝鮮・琉球・ベトナムなど、多かれ少なかれ儒教を信奉する周辺国にとっては、「華」「夷」は明代からなじみ深い概念だから、それに即した「朝貢」の関係を継続しておけばよい。それが最もリスク・コストを低く抑えて、秩序を保てる方法だった。

しかし東アジアの国々は、それだけではない。日本・モンゴル・チベット、あるいはムスリム・西洋諸国など、漢語・儒教に疎遠で無知な国々・集団も存在し、一六世紀以降は、それなりの勢力を保っていた。かつての明朝はそれに対し、相手・情況を問わず一律に「朝貢一元体制」、「華」「夷」の二分法をあてはめたあげく、統御に失敗する。

そんな摩擦を克服すべく登場したのが清朝であり、輿望にこたえて、多元的な東アジアをまとめることができた。満洲人は遊牧世界ばかりでなく、漢語世界にも海洋世界にも対応できる複眼を有し、それぞれに「チベット仏教世界」、あるいは「朝貢」「互市」という複数の秩序を打ち立て、バランスよく併存させ得たからである。

満洲人・清朝はもともと「中華」の漢人・明朝に非ざる「外夷」であった。それを虚心に自覚しながら君臨したところに、清朝の複眼たりえた理由がある。「外夷」が「中華」の役割を担いつつ、旧来の「華」「夷」二分法的な秩序原理を改めたことで、軋轢を克服し、広大な版図を実現できた。

しかし時間が経過するにつれ、そのバランスは崩れてゆく。漢人社会が巨大化したからであり、清朝・満洲人の複眼能力も、相対的・絶対的に衰えた。なかんづく、元来そなわっていたはずの漢人・漢語に対する距離感・緊張感が減退している。乾隆帝が「皇清の中夏」と称したのはその好例であって、少なくとも漢語では自身をまったく「中華」と同一視《アイデンティファイ》したにひとしい。一七世紀に満洲語で「中国」を「ドゥリムバイ・グルン」と直訳し、自称としていたのとは、もはや内実のかけ離れた意識になっている。

清朝が複眼的な視座・観念で構築した世界秩序を表現、運営すべき論理が、乾隆時代を通じて、明代さながらの「華」「夷」二分法に回帰してしまった。もちろん清朝・満洲人が、漢人にまったく同化されたわけではない。しかし固有の満洲語を忘れ、日常的に漢語を使うようになって、読み書きばかりか、論理や発想、観念・感覚までも、漢語に呑み込まれた。時と場合によって遅速・消長はありながらも、全体的にそういってまちがいない。

図20　ジョージ・マカートニー

再生産される「外夷」

たとえば、乾隆帝が一七九三年、イギリス国王ジョージ三世（在位一七六〇～一八二〇）に下した著名な勅命は、その典型である。同年、イギリス史上はじめて中国を訪問した全権大使マカートニー（一七三七～一八〇六）は、帝に謁見して、貿易の拡大と国交の樹立を申し入れた。乾隆帝の勅命は、それに対する拒絶のみならず、物知らずな遠来の異人に教え諭す訓戒でもある。

いわく、「天朝は物産が豊かで満ちあふれており、外夷の物品に頼る必要など、さらさらない」と。しかし中国の生糸・茶・磁器がないと、おまえたち「外夷」「遠人」が困るだろうから、貿易を恵んでやるのだ、それなら従順でなくてはならぬ、という趣旨だった。華夷意識むき出しの物言いである。

日本人にせよ、西洋人にせよ、一六世紀になってはじめて現れた、そもそも中国と交易することにしか関心がなかった人々である。由緒正しい伝統の儀礼・朝貢など知らない。だから「華」「夷」の秩序体系・「朝貢一元体制」に収まりきらなかったのである。にもかかわらず、明朝はその見地からみだりに統制をくわえたため、「倭寇」のような外患を招くにいたった。

清朝はその間の事情を見きわめて、「互市」というカテゴリーを設け、寄港地それぞれかぎりで交易ができるようにし、儀礼・権力・イデオロギーの関わりをミニマムにした。前代の「倭寇」のような事態に陥らないよう、「互市」をいわば安全瓣としたのであって、これも複眼のなせるわざである。

そうだとすれば、通商・通交を目的としたマカートニー大使を「朝貢」の儀礼を以て、臣従の使節同然にあつかった処遇は、清朝本来の統治秩序のありようからして、正当だったのかどうか。ともあれ「互市」の範疇も、当時の清朝の主観では、「華」「夷」の観念と秩序に組み込まれてしまったのである。

海を越えて来たイギリスだけの事例にとどまらない。先んじて一七二七年、キャフタ条約を結んでいた「隣国」のロシアとの通商交渉でも、清朝側は同じ一八世紀末の時期、くりかえし高圧的な態度で、ロシア側の「恭順」を求めたからである。

至上無二の「中華」が存在するには、随従奉戴する「外夷」が欠かせない。「皇清の中夏」と対をなして再生産された「外夷」の典型が、たとえば西洋人だったのである。

十全武功

このように「中華」と一致した清朝が、上下あげて有した自足と自信は顕著だった。それを裏返せば、危機感の鈍磨・緊張感の喪失であり、もっとはっきりいえば、弛緩・ゆるみにひとしい。ひいては実態から乖離した驕慢と虚飾をまねく。

ほかならぬ乾隆帝の行動・事蹟に、それは典型的だった。何といっても代表的なのは、「十全老人」の自称であり、「十全武功」の誇示だろう。

「十全」とは完全無欠の意、六十年におよぶ治世であげた「武功」、十度の遠征にすべて勝利した、という偉業の誇示であり、「御製十全記」なる文章まで自作して宣伝した。

まずすでに述べた、新疆の成立がそうである。ジュンガル・アムルサナーとの戦い、さらには天山南路のムスリム住民を併せた、計三度の「武功」のみならず、それと前後した四川西方・チベット系の大金川・小金川への遠征で、あわせて五つ。

また乾隆三十年(一七六五)から三十四年にわたるビルマ遠征がある。下って、台湾の林爽文《りんそうぶん》(?~一七八八)の反乱鎮圧とベトナムの内乱介入、さらにはグルカ族の統一したネパールとチベットとの紛争に対する武力介入もあった。いずれも乾隆五十年代の出来事で、以上を四度の「武功」としてカウントし、これで合計十となる。

もっとも後二者は、軍事的にはほぼ敗北だったのは有名で、力の差を自覚するベトナムとネパールが、「朝貢」して臣従の姿勢を示したので、清朝側も何とか面目を保った恰好だった。また数的にみても、必ずしも十回の軍事行動でもなかったから、名実・質量ともに、とても「十全」とはいえない。

以上を通じて、清朝が最も拡大したのは、確かである。しかしこれほど貧しい戦果を「武功」と誇って憚らないところ、すこぶる象徴的ではなかろうか。「盛世」の名君として世評の高い「十全老人」乾隆帝の治世は、その意味で虚栄に満ちた時代であった。一八世紀後半の東アジアのまぎれもない一面である。

空前の好況による指導層の自足・安逸が、社会に瀰漫していた。明敏な乾隆帝がその空疎にまったく気づいていなかったとも思えない。発言の端々に、それなりの憂慮はかいまみえる。けれども具体的な対策はなかった。どうにも手の着けようがないのが、実情だったのかもしれない。いずれにしても、清朝は危機感・緊張感を欠いたまま、一九世紀を迎えることになる。

二 暗雲

西力東漸

はるか西に目を向ければ、「康熙乾隆」の絶頂は、ヨーロッパのいわゆる「長い一八世紀」と重なっていた。およそ西暦一六八八年から一八一五年、「第二次英仏百年戦争」という戦争の世紀である。ルイ十四世の起こした大同盟戦争に始まって、ナポレオンの失脚で終焉を迎えた。この間、ヨーロッパ大陸で戦われた大戦争はおよそ六回、英仏はそのすべてで干戈を交え、イギリスが完勝したのである。

イギリスの勝利は兵力・物資、そして資金を速やかに、大量に集めることのできるシステムを構築していたことによっていた。その根幹には、投資を通じた資本の調達・集中を可能にする国制があり、それがすなわち「財政＝軍事国家」である。有事に国家銀行と公債で戦費をまかなったのみならず、平時には企業と株式で経済を成長させていった。科学革命を経た動力の発明など技術革新と組み合わさって、産業革命の原動力をなす。以上の史的プロセスを創始し、トップを走ったのは、いうまでもなくイギリスで、ほかの欧米諸国もやがて追随した。

こうした欧米の軍事力と経済力の急速、かつ圧倒的な伸張、それにともなう世界市場の形成が、世界史的「近代」にほかならない。そして「近代」とは一九世紀、ヨーロッパが世界を制覇した時代の謂である。その影響はもとより、東アジアでも大きかった。

乾隆の「盛世」が、そもそもそうである。空前の好況はイギリス・欧米による中国産品買付、それにともなう未曽有の量にのぼる銀流入のたまものであり、その量的な拡大は、何より産業革命のたまものだった。

以上のヨーロッパの歴史過程は、大航海時代の後に訪れた「一七世紀の危機」を克服すべくたどったものである。東西の分岐は、同じ時期に見舞われた「危機」をいかに乗り越えるか、その条件と対処のちがいから生じていた。西は相剋のなかで研ぎすまされたのに対し、東は平和のなかで、繁栄安逸を謳歌していたのである。

同じく危機に対したはずの行動が、東西分岐してかけ離れたばかりでない。尖鋭化した西方は、やがて泰平の東方に襲来する。つまり世界経済・世界市場、およびそれと表裏一体をなす植民地主義の拡大であって、グローバル・ヒストリーの波は、いよいよ極東にも及んできた。

予感

イギリスによるマカートニー大使の派遣は、客観的にみれば、そうした波及の一つである。しかし清廷にやって来たマカートニー自身は、「外夷」・野蛮人として扱われ、「中華」の威福をみせつけられるばかりだった。もとよりその使命を果たすことは、まったくかなわなかった。

しかし手ぶらで帰国したわけではない。マカートニーと使節団一行は滞在中、繁栄をきわめた当時の清朝をつぶさに観察していた。それが以後、英語圏の中国研究の濫觴をなしたのは有名であり、傾聴すべき所見も少なくない。

かれは「自分が生きているうちに、清朝の瓦解が起こったとしても驚かない」と断じて、栄華・虚栄の翳にひそむ危機の徴候を見のがさなかった。マカートニーの歿した一八〇六年までに、予言どおり清朝が「瓦解」することは、さすがになかったものの、「ささいな衝突で散った火花から、中国の端から端まで反乱の焔が燃えひろがるかもしれない」との観測は、まさに正鵠を射ている。一九世紀の歴史事実をひととおりたどるだけで、その間の事情は了解できるから、希有の洞察だといってよい。

というのも、マカートニーは政権に抗う“mysterious societies”や“secret assemblies”の「健在」と「暴動が頻発している」社会不安・治安悪化の情勢を正確に看破していたからである。これらはとりもなおさず、図18にいう「秘密結社」を指しており、当局が把握しきれず、統御できない中間団体の謂である。

こうした観測を客観情勢に置き換えてみるならば、一八世紀以来の人口増加のために移民がふえ、とりわけ当局の把握しえない移民が増加したために「秘密結社」が増殖し、「暴動が頻発」するしくみとなっていた。そんな治安の悪化が、いつ「反乱の焔」に転化してもおかしくない。はたせるかな、マカートニーが帰国してわずか二年後の一七九六年、白蓮《びゃくれん》教徒の乱がおこったのである。

白蓮教徒の乱とその鎮圧

移住民が多かったのは、湖北・湖南・広西・四川などの山岳地帯である。住民のなお少ない未開地に移住入植したかれらの間にひろまったのが白蓮教信仰であり、それを紐帯に移民は団結し、「秘密結社」ができた。なかんづく四川・湖北・陝西三省の境界が交わる地域で活動が活潑だったのは、権力が浸透しにくかったからである。

白蓮教は世の終末到来を説き、無生老母《むしょうろうぼ》の信仰で救われる、とする教えであり、儒教を体制教学とする歴代の王朝政権は、これを「邪教」とみなした。清朝も漢人に君臨したから、その例外ではない。

先住民と軋轢をおこしがちな移民は、既存の勢力・権力から迫害、弾圧を受けやすかった。自ずから反権力に傾いて、「邪教」の教団を結びがちになる。追いつめられた信者たちが、組織的に武装して当局に反抗するのも、自然の趨勢だった。その結果、一七九六年、蜂起にいたったのである。

決して組織だった反乱ではない。しかし清朝政府はなかなか平定することができず、前後十年近くを費やさねばならなかった。まず軍事的に、常備軍の八旗《はっき》・緑営《りょくえい》が役に立たなかったからである。

八旗軍は清朝創業以来の軍隊である。ヌルハチは狩猟活動の組織をベースに、あらゆる満洲人が属する八つのコミュニティを設けて「八旗」と称した。当初はこの八旗こそ、満洲人の社会・国家そのものであり、入関以前に服したモンゴル人・漢人も、同様の組織に編成され、満洲人とならんで「旗人《きじん》」と称せられる。そこから徴用する軍団が、政権中核の軍事力を担い、首都および少数の要地に集中して駐屯した。

緑営は清朝が北京に入って以後、明朝漢人の旧軍を再編したものである。八旗を凌駕する人数が、漢人居住地に少数づつ、多くの地点に散在し、警察的な役割をうけもった。かくて当時の漢人社会では、八旗・緑営と「秘密結社」以外は、大した武装をしていないはずだったのである。

ところが、反乱の平定にあたって、各地の緑営は無力、派遣された八旗の軍隊も、ほとんど役に立たなかった。百年の平和に慣れて、使い物にならなくなっていたのである。「十全武功」での醜態もあったし、軍事力として対外的に通用しないとの観測は、マカートニーも本国に報告していた。しかし対内的、内乱鎮圧にも不十分なことが、これで明らかになったわけである。

そのため軍事行動がいたずらに長引き、費用ばかりかさんだ。一八〇四年に反乱終結の報告があるまでに、清朝政府は数千万両の財政支出を余儀なくされ、それまで北京の財庫の貯蓄がほとんど払底したという。

それでも緑営・八旗だけでは、反乱軍を平定できなかった。いっそう大きな役割を演じたのが、いわゆる「団練《だんれん》」である。

反乱の起こった地域では、既成の社会秩序に不満のない住民も多かった。官兵で反乱の鎮圧ができないとなれば、自分たちの土地は、自ら守るほかない。そこで現地の住民に一種の自警団・義勇兵を結成させ、反乱軍に対抗できるようにした。これを「団練」といい、また郷里の義勇兵という意味で「郷勇《きょうゆう》」ともいう。戦意・士気も、常備軍よりよほどすぐれていた。現実に反乱軍と交戦したのも「団練」であって、いわば民間の武装勢力どうしが殺戮しあう構図である。こうして以後の漢人社会は良否・順逆を問わず、全般的に武装するのが常態となった。治安の維持をはかった方策で、いよいよ治安が悪化していったわけである。

嘉慶・道光

白蓮教徒の乱のような重大事件ばかりではない。この前後に起こった小規模な暴動・蜂起を数え出せば、キリがないほどである。泰平の一八世紀から不穏の一九世紀へと、時代はたしかに転換していた。

乾隆帝の後を継いだのは、一七九六年に即位した息子の嘉慶帝である。父親が祖父の雍正帝にそうだったように、嘉慶帝も父・乾隆帝の治世には、かなり批判的であった。前代の虚栄ではなく、実直で統治を果たそうとしたかにみえる。いな、即位してまもなく白蓮教徒の反乱が起こったのだから、もはや虚栄・糊塗を許さない時代に入っていた、とみたほうがよい。

嘉慶にはじまる一九世紀の前半は、前世紀とはうって変わり、国内政治・対外関係の両面にわたって多事な半世紀だった。それに直面したのが、嘉慶帝とその後を受けた道光《どうこう》帝(在位一八二〇～一八五〇)である。

図21　嘉慶帝

図22　道光帝

図23　林則徐

すでに述べたとおり、清朝はその政権体質として、善政を布かなくてはならない。嘉慶・道光の父子二帝も、父祖三代の例に漏れず、聡明かつ良心的、善政につとめた君主で、庶政に意欲的なとりくみをみせている。

有能な高官も登用した。江南で塩専売制などの改革を断行した陶澍《とうじゅ》（一七七八〜一八三九）や、のちアヘン戦争で著名となる林《りん》則徐《そくじょ》（一七八五〜一八五〇）は、その好例である。父子二帝ともに、名君の高い評価を受けてもおかしくはない。

しかし不運なことに、そうはいかなかった。二帝とも父祖の名望に及ばない。いかに善政でも、見るべき治績の上がらない時代になっていた。少なくとも漢人世界は、前代とは明らかに違う段階に入ったからである。

白蓮教徒の乱からはじまる史実過程は、一八世紀の繁栄の下で蓄積した社会矛盾の顕在化にほかならない。そしてそれと同時に、治安維持を担う統治機構のしくみが、それに対処できなくなった事態をも示している。

一八世紀を通じて劣化したのは、上述のように内乱を鎮圧できなかった常備軍ばかりではなく、官僚制全体だといったほうがよい。文官組織はスケールも機能も旧態依然、あまつさえ安逸に慣れて、質は大いに低落していた。民間・社会を秩序づけることなど、おぼつかなくなっている。

たとえば急速なインフレにもかかわらず、税収・俸給も定額のまま、ほとんど据え置きの支給額だった。それでは上は中央の宰相から、下は地方の下僚まで、たとえ贅沢をしなくとも、生計を立てていけるはずもない。たとえば百年前に雍正帝の改革で増やした「養廉銀」は、正規の俸給の数十倍から百倍にのぼる手当だった。それもインフレのあおりで、廉潔など養えない価値になってしまう。もはや元の木阿弥、非違・汚職がふたたび急速に拡がっていった。

民間委託

漢人社会が巨大化、多様化したのに対し、政府権力は相対的にも絶対的にも縮小し、無力化する。社会は権力のキャパシティをはるかに越えるスケールとなったのであり、漢人に対する清朝的な皇帝独裁では、もはや対処しきれない。

かつての雍正帝は、上がってくる報告・提案を一人ですべて読破し、詳細な指示・訓戒を与え、百官を自在に頤使《いし》した。けれども百年後・一九世紀の情況で、そんな藝当はおよそ不可能、嘉慶帝も道光帝も、あまりの文書・案件の多さに音を上げている。二帝が決して無能だったわけではない。皇帝の個性・資質や能力・行動以上に、体制全体の問題だった。

いまや巨大社会が相手であり、正規の制度・機構では手が回らない、旧来の組織・方法ではどうにもならない情況になっていた。実地の事情に即応する改編が不可欠なところにきていた以上、新たな対応が生まれるのも必然である。

白蓮教徒の反乱のさい、常備軍が役に立たなかったのも、権力の手が及ばないという点、まったく同じ文脈にある史実経過だった。そこで「団練」が出現したのは、いわば軍事を地元民間の中間団体に委託した方法である。こうした方向が以後の漢人統治の主流になってきた。

白蓮教徒の乱の二十年ほど後、陶澍が手がけた改革もそうである。従前の塩の専売法が機能せず、不法な取引が増えて税収が落ちこんだため、非合法だった零細な民間業者に徴税を委託したところ、税収が伸びて大きな成果を収めた。こうした方式を「票法」という。

もちろん時と場合によって、称呼は異なったものの、ローカルな民間の団体に委託してゆく原理は、おおむね共通していた。後世からふりかえれば、これが以後の財政改革・政界再編の出発点に位置する。

いずれにしても、民間の中間団体との関係をみなおす改革が、不可避になってきた。それは内政ばかりではない。対外関係でも同じである。

三　破綻

世界経済とアヘン貿易

その対外関係ではこの時期、マカートニーを派遣したイギリスの存在感がとみに高まってきた。イギリスは茶・生糸をはじめとする中国産物を求め、対価として銀をもたらし、その銀が中国各地に流通し、経済を活性化させていたからである。つまりイギリスとの貿易こそ、中国一八世紀後半の好況を支えた原動力にほかならない。その点、「外夷の貨物に頼る必要など、さらさらない」と言い放って奢侈をきわめた乾隆帝は、自身のあずかり知らぬこととはいえ、思い上がっていた、といえよう。

時あたかも産業革命の真っ只中、資金需要が増えつづけるイギリスでは、茶の対価として大量の銀をもちだす貿易に批判が高まってきた。そこで植民地化を進めていたインドで生産したアヘンを中国にもちこんだところ、売り上げが伸び、茶の支払を相殺できるようになる。いわゆる三角貿易の形成だった。イギリス綿製品の市場になったインドの購買力を維持するためにも、中印貿易の黒字は欠かせない。

一九世紀に入って綿工業が興隆し、アメリカからの綿花輸入が増えるとともに、またアメリカも中国から茶を買い付けていたため、この英米・米中間の決済をも、アヘン輸出の黒字でまかなうことになった。だから当時のイギリスと世界経済は、アヘンの中国輸出が絶対的に必要であり、なればこそ、それを「自由貿易」という名目で正当化しようとした。

中国からみると、産業革命が進展するのに比例して、茶が売れると同時に、アヘンが入ってくるしくみになる。麻薬のアヘンは当然、清朝でも禁制品であり、輸入すれば不法、密輸である。ところがアヘンの輸入は急増し、銀が入らなくなっただけではなく、逆にアヘンの代価として中国内の銀が流出し、その影響で地域市場の銀・銭の為替レートも激変し、財政経済に混乱をまねいた。

しかしアヘン密輸は、イギリスの一方的な行動ではない。清朝の側でも密売に従事する秘密結社が、厳然として存在している。白蓮教徒などと同じ、いな舶来の密売品という資金源がある分、はるかに強力だった。矮小化した政府当局の統制取締が及ばず、急速な治安の悪化とアヘン吸引・中毒の増加がすすむ。

アヘン戦争

道光帝もさすがに坐視できなくなってきた。アヘン禁制を実効化すべくとった方策が、広州に来航するイギリス商人からアヘンを没収、毀却することである。道光十九年(一八三九)に有能な林則徐を起用して任務にあたらせたから、アヘン没収は首尾よく成功した。しかしことはそれで終わらない。生命財産の危機にさらされたイギリス商人が、一八四〇年、本国政府を動かして遠征軍を派遣させたからである。

だからこのアヘン戦争は、まず密輸と密売人を守る戦争だった。しかしアヘン密売は、グローバル規模の国際金融・決済システムの要をなしていたから、産業革命のみならず、世界経済全体になくてはならない。その可否をめぐって、戦争が必然化したゆえんである。

図 24　アヘン戦争

外ばかりではない。中国内でもアヘンの密売が根絶されたら、沿海・内地で密輸に関わる秘密結社、およびその関係者が困る。かれらはもちろん清朝政府当局に敵対し、外国勢力と内通する勢力であった。その意味で、扱う品物や組織の形態は異なっても、二百五十年前・明代の「倭寇」と同質である。当時の官憲からは「漢奸」と呼ばれた。現代中国語でも、同じ字面のことばがある。実体は異なるものの、外敵と結託するという語感にちがいはない。

ともかく漢人の社会構成は、政権・体制の埒外に逸脱して、外国と通じる「倭寇」ならぬ「漢奸」をたえず生み出すしくみになっていた。その点は外国に関わるかどうかに違いこそあれ、白蓮教徒や塩の密売と選ぶところがない。政府権力はいかにそうした民間社会に対処するかが、アヘン戦争以後の課題となる。

北京陥落

戦争そのものは周知のとおり、イギリスの勝利に終わる。一八四二年に結ばれた南京条約、およびその附属協定は、条文だけ今日の感覚でみると、新たに開港場を開き、領事裁判権・最恵国待遇や協定関税をとりきめた、西洋国際関係の具現化であり、なおかつ外国商人にとって有利な、いわゆる不平等条約だった。勝利したイギリスとしても、それまでの清朝との関係を改めて、西洋的な国際関係をとりむすんだつもりである。

けれども清朝の対外的な姿勢、主観的な世界秩序のありようは、旧態依然だった。戦争はアヘン密輸で生じたトラブルを収拾し、条約は凶暴な「外夷」をおとなしくさせる手段にすぎない。当時の漢語でいえば、「外夷」を操縦する「互市」にすべて包括される。通交の制度・当局の態度にほとんど変化がなかったし、実際に貿易も伸びなかった。

戦勝で得たはずのものが、元の木阿弥になっては、イギリスの当局・商人、関係者はもちろん不満である。南京条約からおよそ十五年たった一八五六年、イギリスは業を煮やして、ふたたび武力行使にふみきった。フランスと共同出兵し、広州を占領したうえで北上、首都北京に近い天津に迫る。

清朝側も首都に近い天津まで来られると狼狽し、ようやく和平交渉に応じ、英仏米露の要求を呑んで、一八五八年にそれぞれと天津条約を締結した。政府の姿勢・認識そのものが、かわったわけではない。あわよくば、強要された条約を反故にしようともくろんだ。

そのため批准交換のさい、軍事衝突が起こると、たちまち和平が破れる。英仏連合軍は一八六〇年、天津から上陸して進撃し、北京を占領した。アロー号という船舶の臨検をきっかけに起こったのでアロー戦争といい、あるいはアヘン戦争の再現という意味で第二次アヘン戦争とも呼ぶ。

太平天国

しかし清朝にとって、それ以上に重大な事態が、時を同じくして進行していた。未曽有の内乱である。それに比すれば、列強との交渉・交戦など、あくまで二の次だったのかもしれない。

アロー戦争に先んじて、一八五〇年二月末、道光帝が崩御、息子の咸豊《かんぽう》帝(在位一八五〇~一八六二)が後継した。二十歳になったばかりの幼弱な君主である。新帝の御代を転機に、清朝の漢人支配も変化を遂げることになった。存亡に関わる動乱の時代だったからである。

広西省の山間部、桂平県金田村で上帝会が蜂起した。上帝会とはキリスト教をもとにした新興宗教・上帝教を崇拝する教団で、教祖は洪秀全《こうしゅうぜん》という人物である。洪秀全はじめ教団構成員は、広東省の客家《ハッカ》が多い。客家とは言語・風俗・習慣が異なる南方の新来移民のことである。

図25　咸豊帝

政府当局からみれば、要するに移民の邪教の一つであり、もちろん禁圧の対象だった。教団も対抗して武装し、やがて純粋な信仰にくわえ、自分たちの「天国」を地上に建設しようという政治活動をはじめ、ついに清朝を打倒して「太平天国」を建てると宣言、武装蜂起するに至る。一八五一年はじめのこと、一万人程度の規模であった。

ところが広西省の山あいから北上し、湖南省から湖北省に入り、長江に達した一年の間に、数十万の大勢力になった。太平天国はついで全軍で長江をくだり、一八五三年三月に南京を占領、名称を「天京」と改めて本拠と定めた。このとき攻め入った数は、二百万にのぼったといわれる。長江の中下流域という漢人が最も多く住む経済・文化の心臓部に、清朝の存在をみとめない一大敵対政権が出現した。

太平天国はさらに軍事活動を拡大する。まず北京へ向けて北伐軍を出し、ついで長江をさかのぼる西征軍を派遣した。前者は一八五五年、天津附近で撃破されたものの、後者は武漢を陥れるなど戦果をあげている。やがてアロー戦争も加わって、清朝は文字どおり内憂外患に陥った。

多発する動乱

太平天国はそもそも移民・邪教の武装集団である。それなら基本的な性質は、かつての白蓮教と変わらないし、そしてその種の武装結社は、漢人社会のいたるところに存在した。とりわけ湖南省である。そこはアヘン密売で成長した天地《てんち》会・三合《さんごう》会など、秘密結社の活動が盛んなところであった。太平天国はその只中に飛びこんで急成長をとげ、南京・鎮江・杭州など、八旗が駐留する大都市を陥れる大勢力と化した。

図 26　太平天国の乱

既成の秩序で立身出世を望めない落伍者や、社会・体制に背を向け、対立紛争に明け暮れるローカルな秘密結社にとって、一大好機である。華南・華中の不逞分子、反権力的な勢力を糾合した存在が太平天国だった。

南方・太平天国だけではない。同じころ、淮水流域におこって

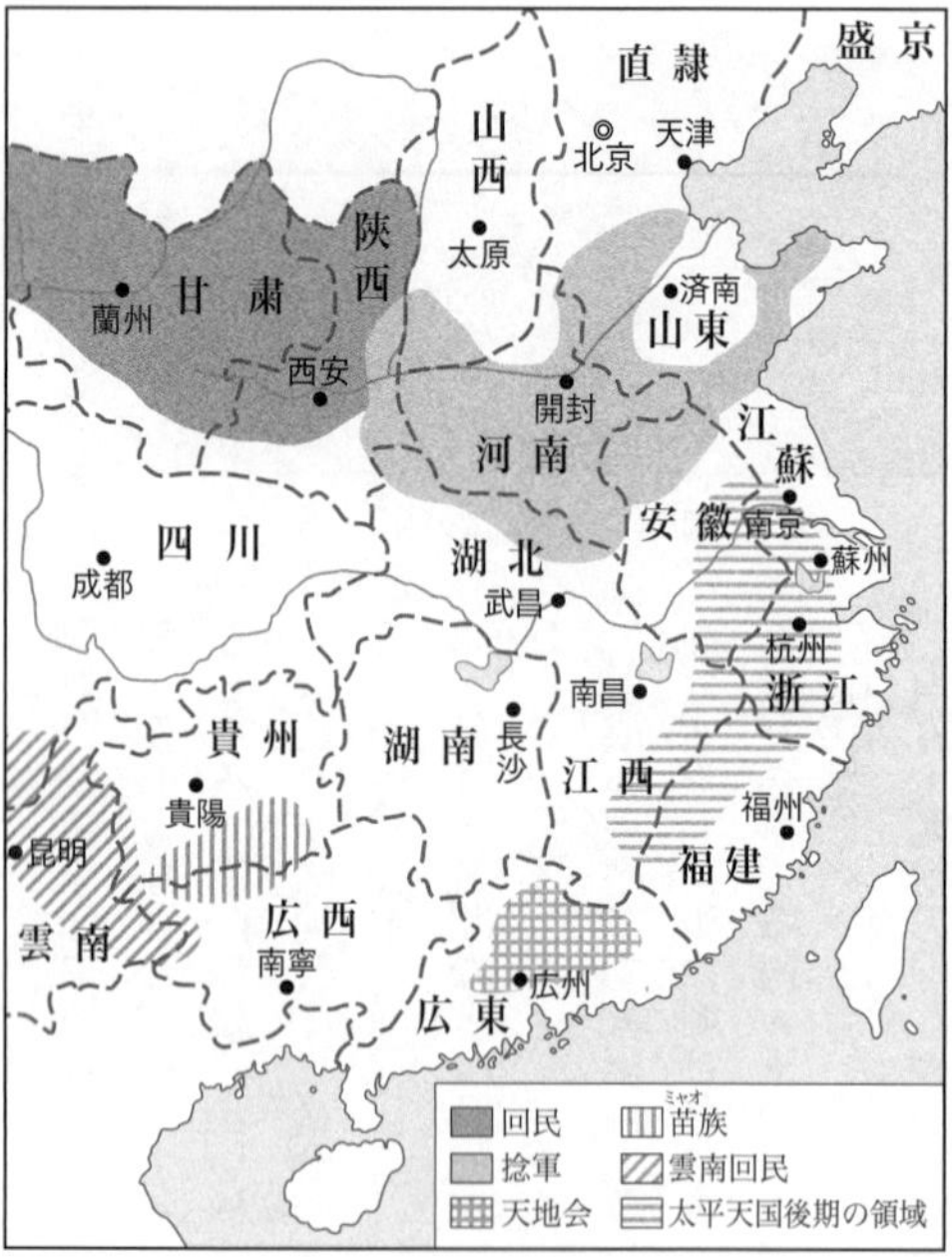

図 27　太平天国期の内乱

北方にひろがった別系統の捻《ねん》軍も、勢力を強めていた。北京に近いだけに、清朝にはいっそうの脅威だったともいえる。西方でも陝西・甘粛《かんしゅく》一帯、あるいは雲南であいついで発生した回民《ムスリム》の反乱が、とりわけ大規模だった。

このように各地で、連鎖的・同時多発的に暴動・反乱が起こったのは、もちろん偶然ではない。個々の反乱は、出自・性格こそ異にするものの、根柢に共通する要因・構造がある。一八世紀以来の漢人社会の人口急増と流動化がそれであって、そこから生じた武装結社の増殖で積み重なった矛盾が爆発した現象こそ、一八五〇年代の動乱だった。

曾国藩と湘軍

武装した結社・集団というだけなら、反乱を起こした勢力にとどまらない。半世紀前の白蓮教徒の反乱では、現地の官僚・有力者は、在地の自警団「団練」を組織して、鎮圧に役立てた。未曽有の内乱に直面したこのたびも、それに倣わない手はない。

一八五〇年代のはじめ、各地におびただしい団練ができるなか、焦点になったのは、やはり湖南省である。母親の喪に服するためそこに帰郷していたのが、礼部侍郎《れいぶじろう》の曾国藩《そうこくはん》（一八一一〜一八七二）だった。礼部侍郎といえば文科省次官にあたる高官ながら、曾国藩はそんな位階より、学者・文章家として当代屈指の知識人である。そのかれに北京政府から、郷里で団練を組織統率するよう命が下った。曾国藩はさんざん迷ったあげく、行動を開始する。

図28　曾国藩

まず秘密結社の巣窟だった湖南の治安回復を徹底すべく、敵対しそうな嫌疑者の捕縛・処刑を大々的に実施した。曾国藩が「首切り役人」と誹謗されるのも、故なきことではない。そうでもしなくては、鞏固な民兵の組織はとてもおぼつかなかったのであり、自身も非難は覚悟の上でふみきった措置だった。

しかるのち、曾国藩はおもむろに軍隊の組織にとりかかる。同郷人を中心に自分の友人・門人などを集めて、かれらを部下の将校とし、小規模な団練部隊をそれぞれ統率させた。自身の私的な関係を、そのまま軍事指揮系統におきかえただけである。ほとんどが学者仲間で、軍事には素人ばかりだったが、しかしそれが当時はいかなる公的な軍隊・組織よりも、鞏固な結束と士気を誇った。

各地に散在し、個々バラバラの団練が、こうしてまとまった軍隊となった。湖南省の別称「湘《しょう》」を冠して湘軍という。以後十年以上、長江筋で死闘をくりひろげ、一八六四年に天京を陥れて、太平天国を滅ぼした。

さらに捻軍や回民の反乱が続いたから、内乱全体の終息には一八六〇年代の末まで、前後二十年かかっている。その間、おびただしい人が犠牲になった。数千万人の規模といわれる。

内乱の本質と督撫重権

しかしこのようにみてくると、太平天国も湘軍も、反乱勢力もそれを鎮圧した側も、同じ地域社会に根ざし、同一の母胎から生まれた組織で、本質に大きな隔たりはない。政権に反撥したか、それとも清朝の側についたか、で異なっていただけである。

したがって両者の間で旗幟を鮮明にしない、向背さだまらぬ武装勢力も、いたるところに伏在していた。当時の動乱とは要するに、敵をいかにして味方にとりこむか、にあって、結末は武装勢力が、おおむね体制側になびいたにすぎない。

だから既存の社会構造に、抜本的な変革はほとんどおこらなかった。内乱を構成した反体制的な勢力を、あらためて清朝政権の側にしたがわせるだけで、これほどの時間と人命を要したわけである。ただ、従前には反乱・内乱がやまなかったのに対し、以後はそれなりに治安維持がかなったのだとすれば、前後で情況・条件が変わったことはまちがいない。

清朝が前代明朝治下の漢人を統治するにあたって、実地の行政は多かれ少なかれ、各省全域を管轄する総督・巡撫に一任していた。そうした地方大官を北京から緊密に統御することで、在来の皇帝政治を維持したのである。雍正帝の施政は、いわばその典型だった。

しかし一八世紀に漢人社会の拡大膨脹で叢生増殖し、一九世紀に入ると内外に動乱をひきおこした武装団体は、その当初には存在せず、政府権力も想定していなかったものである。対処しうる手段・装置を持ち合わせなかった。

それを補ったのが、上述で民間委託とまとめた現象である。団練とそれを結集した湘軍は、軍事面での典型だった。またこの時期には、在地当局がアヘンなどの密売を認可し、禁制品取引に従事していた秘密結社を抱き込むと同時に、上納金を獲得する慣例も普及しており、これを釐金《リキン》という。かつて塩専売で施行した票法と原理は同じで、こちらは財政的な民間委託とでもいうべきものである。これが団練・湘軍など、新軍隊を維持する新財源となり、あいまって、反体制的な武装勢力を減少させる有効な手段となった。

太平天国を打倒するなかで、そうした民間委託を最も多く掌握したのが、湘軍を率いた曾国藩である。清朝はかれとその部下を各省の総督・巡撫に任命することで、拡大する民間委託を既存の官僚組織に組み込んだ。地方大官の裁量をかつてないほど大幅に認める形式をとって、一八世紀後半以来の変動・内乱に対処しうる装置を設けたわけである。制度上は総督・巡撫の権限が重くなったように見えるため、「督撫重権」と称している。

中央集権の近代国家をスタンダードとみなす視座からすれば、督撫重権はそれに逆行する地方割拠・「軍閥」化とみえてしまう。しかし当時の清朝政権と漢人社会の現実としては、それなりに合理的な動きであった。

同治中興

英仏連合軍が一八六〇年、北京に侵攻すると、咸豊帝は紫禁城を退去し、長城を越えて熱河《ねっか》の離宮にのがれた。北京に残留し、後事を託された皇弟恭親王奕訢《きょうしんのうえききん》(一八三三〜一八九八)が、列強との交渉にあたり、どうにか講和をとりまとめた。そこで結ばれた天津条約・北京協定は、常駐公使の北京駐在・賠償金の支払い・開港場の増加・内地旅行権・キリスト教の布教権・アヘン貿易の合法化などを定めた、いっそう列強に有利な条約である。
清朝側としては、もはや「外夷」の操縦などと嘯《うそぶ》くわけにもいかず、強要された国際関係の履行をそれなりに果たさなくてはならない。恭親王は自ら西洋諸国との応対、交渉にあたるべく、総理衙門《そうりがもん》を設けた。西洋人の目には、外務省にみえた官庁である。

時に一八六一年の初め。そしてまもなく離宮滞在中の咸豊帝が崩じた。享年三十一、順治帝以来の早逝である。側近皇族が実権を握って、数え六歳の咸豊帝の遺児を帝位に即け、北京に帰還した。しかし新帝の生母・西太后《せいたいこう》（一八三五～一九〇八）は不満で、北京に残留していた恭親王と謀り、先帝側近の権臣を粛清し、新たな政権を発足させる。干支にちなみ辛酉《しんゆう》政変という。

図29　西太后

幼君の代理として君臨したのは、母后の西太后であった。女性が顔をさらさず、御簾をおろして百官に対するので、垂簾聴政《すいれんちょうせい》という。恭親王が臣下の筆頭として政務にあたり、議政王と称せられた。翌年「同治」と改められた元号は、「同《とも》に治める」という意味だから、皇帝独裁を否定した新体制を象徴したものでもある。

百官を頤使する名君の時代は、すでに過去のものだった。嘉慶・道光の御代で明らかなように、旧来の皇帝独裁体制では、巨大化した漢人社会に対処できなかったからである。以後の清朝半世紀の皇帝は、いずれも幼君で実権をもたなかった。これは客観的には、皇帝一身に集中する独裁では、権力の行使がかえってゆきとどかなくなる弊を避けて、権威・権限を分散分担させる体制に転化したとみることができる。

もっともこれでは、権力・責任の所在が不分明で、中央政府は統制力を発揮できない。しかも清朝の爪牙をなす八旗の軍事力が、内憂外患で大きな打撃をうけていたから、いよいよ漢人社会に対する北京の統治は弱まった。

それを補ったのが、督撫重権である。北京は地方に微弱な統制しか及ぼせなかったものの、それがむしろ実地の事情に通じた各省の督撫に、手腕をふるわせる結果となった。

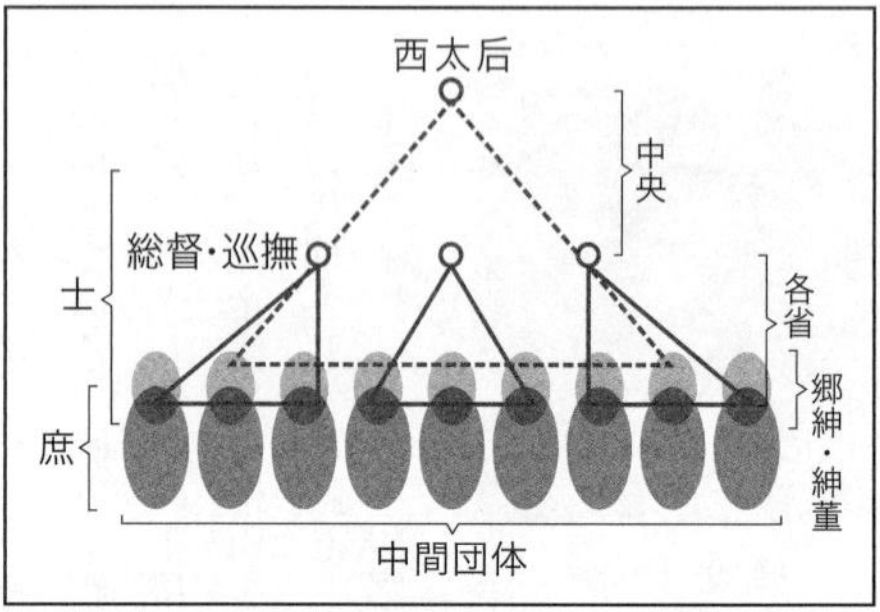

図 30　社会構成のイメージ（清末・督撫重権と垂簾聴政）

清朝は自らの力を弱めることで、漢人に対する君臨の延命をはかったともいえる。恭親王とその部下も、もはや漢人にとって清朝の打倒は容易だから、満洲人以上に厚遇しなくてはならぬ、と口にするほど、自らの位置と力量をわきまえていた。

かたや同時代の漢人が同治年間を「中興」の時代とみたのは、自分たちの尽力で危機をのりこえた清朝の復活というわけである。地方の督撫重権と北京の垂簾聴政の組み合わせが、その制度的内容であった。

四　清　末

李鴻章

督撫重権を創始し、そのリーダーとなったのは、湘軍を作った曾国藩である。しかし活用したのは、必ずしもかれではない。その高弟・李鴻章《りこうしょう》（一八二三〜一九〇一）である。

図31　李鴻章

李鴻章は父親が科挙合格の同期だったよしみで、曾国藩に師事し、一八四七年に二十五歳で科挙にパスした。文臣として嘱望された俊才だったが、師の曾国藩と同様、内乱がその運命を変える。朝廷の命で安《あん》徽《き》省合肥《ごうひ》に帰郷し、団練を組織して戦った。ところが一八五八年に敗走して湘軍に身を寄せ、旧師の部下として行動していた。

太平天国は一八六〇年、東進して江南デルタを攻撃、中心都市の蘇州を陥れ、余すは開港場の上海のみとなる。曾国藩はその救援のため、李鴻章を抜擢し、別働隊の淮《わい》軍を作らせた。「淮」は淮河、その流域の安徽省を指す。李鴻章は湘軍の編成にならい、故郷の合肥周辺で既存の武装集団を引き抜き、組織的な軍隊にしたてあげた。淮軍は一八六二年初め上海に進駐し、そこを拠点に江南デルタを奪回し、湘軍に劣らぬ武功をたてる。

李鴻章が掌握した上海は、当時すでに第一の貿易港に発展し、西洋列強の利害も大きい。周辺の江南デルタと合わせ、最も富裕な地であり、経済の心臓部をなしている。こうした西洋諸国との関係と経済上の優位が、李鴻章の比類なき政治的資産となった。

太平天国が滅亡した後も、淮軍は北京を脅かした捻軍の平定で声望を上げる。淮軍の故郷・安徽省は、捻軍の猖獗した地でもあり、両者はいわば同じ地域社会から生まれた双生児だった。湖南省の太平軍と湘軍との関係の再現ともいうべきで、戦争の経過もやはり同様に、淮軍が一八六八年に捻軍を制圧したのである。

湘軍の総帥・曾国藩はつとに、自身の健康と自軍の将来に不安を感じていた。いずれも劣化の一途だったからである。そのため太平天国滅亡からまもなく、湘軍の大部分を解体し、その役割を李鴻章と淮軍に肩代わりさせる方針をとった。

そして督撫のうち、最も首都に近く、最も格の高い直隷総督の任をゆずると、督撫重権のリーダーも師弟が交代する。時に一八七〇年、曾国藩はその後、一年あまりで歿した。李鴻章は以後、四半世紀にわたり直隷総督・北洋大臣のポストにあって、清末の軍事・外政の中枢をしめつづけたのである。

洋　務

李鴻章と淮軍は北京の外港にあたる天津を本拠に、富裕な江南デルタをもあわせ掌握して、人口の稠密な沿海地域の治安維持にあたった。淮軍は義勇軍で、李鴻章の私兵同然であるにもかかわらず、さながら国防軍的な地位をしめ、清朝第一の精鋭として存続した。

李鴻章にとっては淮軍こそ権勢の根幹であったから、その維持強化を最も重視したのは当然である。実質的なキャリアをスタートさせた上海での実戦経験から、かれは西洋近代の兵器・装備・技術を高く評価し、自軍に積極的にとりいれ、軍需工業と関連事業を創設、推進した。いわゆる「洋務」である。

これを好機とみる人材が、李鴻章のもとに多く集った。軍人はもとより、科挙に合格して任官する漢人通例の立身コースから逸脱した商人・起業家・技術者、留学組、さらには外国人もいる。李鴻章も督撫の裁量権を活用して適材適所、手腕をふるわせた。そこから次代をになう人材が輩出する。のち中華民国の大総統になる袁世凱《えんせいがい》(一八五九〜一九一六)も、その一人だった。

こうした事業はさしづめ、明治日本の「富国強兵」「殖産興業」にあたる。しかし単純に同一視はできない。官民一体の文明開化に邁進した日本に対し、同時代の漢人社会は政府当局と乖離していたから、大資本や法整備が不可欠な近代企業の組織や経営がうまくいかなかったからである。

図32　袁世凱

のみならず、李鴻章とその事業には敵対者が多い。頭から外国・西洋を蔑視、憎悪する郷紳ら攘夷論者が典型である。大多数の漢人官僚はそうした在地有力者を兼ね、かつ背景にしていた。儒教の通念でいえば、軍事・武力は忌むべきものであり、しかも「外夷」の西洋人とつるむなど汚らわしく、「中華」のエリートの風上にも置けない。それが一般の輿論だった。

そんな李鴻章とかれの事業を庇護したのが、西太后である。政権安定・権勢保持に有利と判断し、四半世紀にわたって首都に近い天津から手放そうとしなかった。李鴻章と督撫重権は西太后、ひいては清朝にとって、なくてはならない存在となっていたからである。

皇帝の代わりをつとめる西太后は、李鴻章の実力と政策をオーソライズすることで、清朝政権に安定をもたらし、李鴻章は西太后の権威を借りることで、反対の多い事業を曲がりなりにも実行できた。二人の組み合わせで、北京の垂簾聴政と地方の督撫重権も相互に嚙み合って、漢人統治の内政・外政が円滑にすすんだのである。

西　北

ここまで東南・漢人の世界ばかり述べてきた。叙述が偏らざるをえなかったのは、漢人社会が比重と不穏を急速に増大させたからであり、それはまた、時を同じくする非漢人の世界がおおむね平穏だった、という意味でもある。

当時の漢語では、この非漢人の世界を一括して「藩部」と総称するものの、もちろん一様な世界ではない。だから不安定なところも、漢人社会ほどの規模ではないながら、やはり存在した。中央アジアの草原オアシス地帯、つまり新疆である。

そこでも清朝の「因俗而治」に違いはなかった。遊牧民には在来の統属関係を再編しつつ引き継ぎ、オアシス定住民には在地有力者の主導する自治に委ねており、在地在来の方法を尊重する点、モンゴル・チベットと原理的に同じである。

しかし最も遅く帰属したためか、必ずしも当初の「懐に飛び込んで相手をなだめる」ようではなかった。ムスリム住民は儒教やチベット仏教と異なる規範と慣習をもっていたし、清朝持ち前の複眼力、適応力が減退してきた時期でもある。住民に拘束と圧迫を加える結果になり、現地の有力者ホージャ家の後裔が反撥して、蜂起をくりかえしていた。

そのうちの一人、ジハンギール(一七九〇?～一八二八)が一八二六年、隣接するコーカンド・ハン国の援助を獲て、カシュガル一帯の分離をめざし、反乱を起こした。漢人社会の白蓮教徒の乱から、四半世紀くらいしか経っていない時期である。このたびも三万人の軍を動員するなど、多大な人的・金銭的なコストをかけなくてはならなかった。そればかりか、以後の新疆も統治方針が一定せず、円滑な施政が実現しないうちに、またもや重大事件が起こる。

新疆建省

清朝治下のムスリムが暮らしていたのは、新疆ばかりではない。東に隣接する甘粛・陝西、あるいは南の雲南省にも多かった。漢語を話したかれらは「回民」と呼ばれ、ほかの漢人社会と同じく、やはり中間団体を形づくっている。

一八六〇年代には、これまた太平天国や捻軍と同じく、騒乱をひきおこした。「回乱」という。陝西・甘粛方面でその鎮定にあたったのは、曾国藩と並んで湘軍を指揮し、太平天国と戦った総督の左《さ》宗棠《そうとう》(一八一二～一八八五)であり、一八七三年にほぼ全域の平和を回復した。督撫重権がここでも、功を奏した恰好である。

陝西・甘粛の回乱はしかし、それだけでは終わらなかった。新疆のオアシス都市で起こっていた暴動が共鳴し、一八六四年に大反乱をひきおこす。

折しもロシアの中央アジア大征服も進行していた。一八六八年、サマルカンドを陥れ、ブハラ・ハン国を従属させると、ついで隣接するヒヴァ・ハン国、コーカンド・ハン国も征服し、西トルキスタン全域は七〇年代に、ほぼロシアの支配下に入る。

その波紋は新疆にも及んだ。ロシアに併合された西隣のコーカンドの有力者・ヤークーブ・ベク（一八二〇?〜一八七七）が、カシュガルに入って本拠とし、各地の割拠勢力を下して独立政権をたて、一八七二年にロシアと、七四年にイギリスと通商条約を結んで国際的な承認を受けている。天山北路のイリ地方もロシア軍が占拠したため、新疆全域が清朝から離脱する事態になった。

左宗棠が東隣の甘粛の回乱を平定したのが、ちょうどそのころである。かれは余勢を駆って新疆遠征を敢行、一八七七年、天山南路の入口・トルファンを奪取した。同じ年にヤークーブ・ベクが逝去すると、そのカシュガル政権もにわかに瓦解し、新疆のほとんどが再び清朝に帰属する。残すはロシア軍の占領するイリ地方だけであった。

図33　左宗棠

露清双方ともに武力衝突は望まず、外交交渉で解決する道を選択する。国際法の慣例に違った清朝側の不手際で、一触即発の危機に陥りつつも、互いの譲歩で妥協が成立し、一八八一年にペテ

図34　ヤークーブ・ベク

ルブルク条約が結ばれて、イリ地方は清朝にひきわたされた。中露西方の国境線も、以後の交渉で確定してゆく。

清朝は当時、アロー戦争での苦境に乗じて、アムール川流域を蚕食したロシアを警戒、敵視していた。イリ占領に大きな不信感・危機感をいだいたのは、当然である。しかしこの合意以後、清露間では平和な関係がつづき、西北辺境の安全も保たれた。

それにはもちろん、一九世紀の前半から動揺の続いた新疆支配の安定が前提となる。そこで清朝が採用したのは、漢人社会と同じ督撫重権の施行であり、一八八四年に新疆省を新設して巡撫を置いた。在地在来の慣例、ムスリム社会の自治を否定した点、「因俗而治」という統治原理の転換を意味する。時代は大きく変わりはじめていた。

海防

左宗棠が新疆遠征にとりかかろうとした一八七四年、北洋大臣の李鴻章が反対の声をあげている。乾隆の新疆平定から百数十年、統治に多大なコストをかけながら成果がなかったと指摘し、ヤークーブ・ベク政権の存在を承認して朝貢させればよい、と主張した。いわば朝鮮・琉球などと同じ「属国」にせよ、との提案である。

あたかも英露のグレート・ゲームが始まろうとしていた。両国ともにヤークーブ・ベク政権と条約を結んだのは、インドとシベリアの間にある新疆を緩衝地帯とするためである。李鴻章は国際情勢に乗じ、なるべく安価に西方の安定をはかろうとしたのであり、コストをかけるなら、自ら所轄する沿海の経済的先進地域の防衛のほうだと主張した。

新疆遠征は実行に移されたものの、この「海防」がとりやめになったわけではない。当時、日本の台湾出兵が清朝政府を震撼していたからである。李鴻章は日本を「中国永遠の大患」とまで言いつのり、清朝の対外的な利害関心は以後、むしろ海防に傾いていった。

督撫重権と垂簾聴政の新体制がはじまった一八六〇年代初頭、日本はまだ清朝当局者の視界に入っていない。しかし六〇年代の後半から急速に、日本に対する警戒感が増大した。幕末維新で富国強兵が急速にすすんだからである。

清朝の興起からこの時期まで、日本は江戸幕府でいわゆる「鎖国」の時代だった。寧波から商人が長崎に来航し貿易するだけ、清朝にとっては「互市」の関係である。「倭寇」や朝鮮出兵という歴史的な経験から、日本とは軍事的に危害を及ぼしかねない存在にほかならない。なるべく遠ざけておく配慮も濃厚である。

しかし日本は明治維新で体制が一新、隣国の清朝と正式な国際関係を構築すべく、一八七一年九月、日清修好条規を結んだ。交渉にあたったのが、北洋大臣の李鴻章である。かれは明治日本を潜在的な軍事的脅威だとみなし、この条約に「所属の邦土」の相互不可侵の条項を入れて、「属国」の朝鮮もふくめた範囲の安全保障を確立しようとした。

「琉球処分」

それにもかかわらず起こったのが、台湾出兵事件である。日本側は琉球人＝日本人が台湾の住民に殺害されたのに、清朝政府が責任を負おうとしないため、現地を国際法上の「無主の地」とみなして出兵に及んだ。しかし清朝側からみれば、琉球人は日本人ではなかったし、出兵は明らかに日清修好条規の不可侵条項違反である。

武力に勝る西洋列強は、条約さえ守れば、おとなしくしており、イギリスとは北京協定、ロシアとはペテルブルク条約以後、もはや公然たる敵対関係にはない。それに対し、条約の規定が通用しない日本は、明白な脅威であった。李鴻章の主導のもと、大がかりな北洋海軍の建設がはじまったのは、そんな日本を仮想敵国としたものである。

そもそも台湾事件の原因は、琉球人の位置づけ、ひいては琉球の帰属問題にあった。清朝側が講和にあたって、琉球宮古島の漂流民を「日本国属民」と認めると、日本側は以前から手がけていた琉球の内地化をいっそう推し進める。一八七五年、琉球に清朝への朝貢を停止させ、一八七九年には首里城を接収して沖縄県を置いた。いわゆる「琉球処分」である。

明治政府としては、かねて日本に従属してきた琉球を、近代国家として正式に編入した、という立場である。しかし清朝にとっては、入関直後からずっと朝貢してきた琉球王国が滅亡し、日本が「属国」を奪ったことにほかならない。李鴻章にいわせれば、これまた日清修好条規に定めた「所属の邦土」不可侵の違反であって、台湾出兵につづいての暴挙だった。

もっとも、海を隔てた琉球それ自体が、切迫した問題だったわけではない。李鴻章・清朝にとって重大なのは、朝鮮半島である。首都に近く、その安全に関わる朝鮮が、同じ「属国」の琉球のように滅亡し、併合されて、強大な外敵が隣接する事態は、断じてあってはならない。

「属国」の変容

朝鮮は少なくとも清朝からみるかぎり、朝貢儀礼も怠りなく、最も「恭順」を称せられた「属国」である。日本とも通交を保ち、西洋近代が東アジアに及ぶまでは、大陸・列島と関係の破綻をきたさず、東アジア全体の安定をもたらしていた。

その安定を揺るがしたのは、琉球と同じく、日本の西洋化である。明治政府は従前の日朝関係を刷新すべくアプローチを試み、かえって朝鮮政府と対立を深め、その結果、一八七六年二月、江華島条約を締結した。その第一条に朝鮮を「自主の邦」と定め、日朝関係を独立国どうし、西洋規準の国際関係としようとしたのに対し、清朝は依然、朝鮮を自らの「属国」、安全保障の要とみなしつづける。ここに相剋の火種がひそんでいた。

朝貢とは周辺国が清朝に貢ぎ物を持参して臣礼をとることで、儀礼上の上下関係にすぎない。だから清朝は原則として属国の行動、内政外政に干渉しない慣例で、一九世紀の後半に西洋諸国や日本と新たに条約関係をとりむすんでも、朝鮮・琉球・ベトナムなど周辺の「属国」とは、旧来の関係を保っていた。それまで前者は「互市」、後者は「朝貢」のカテゴリーにあって、秩序体系を異にしたからである。

しかし台湾出兵以後の清朝の危機感は、そうした慣例の再考を余儀なくさせた。清朝は「琉球処分」・属国滅亡の波及を警戒し、日本を牽制するため、一八八二年、朝鮮に米・英・独の列強と条約を結ばせている。実際の交渉も李鴻章が仲介し、そこでは必ず「朝鮮は清朝の属国である」との声明を出させた。これは文字どおりには、従前の「朝貢」関係を互いに確認した文面にすぎない。しかし清朝の側は、そこに西洋的な属国の意味を織り込んで、朝鮮に対する干渉強化に乗り出した。

「属国自主」と日清戦争

それが露わになったのが、同年夏に起こった壬午《じんご》軍乱である。朝鮮の軍隊の暴動に端を発した内乱でありながら、清朝はソウル派兵に踏みきり、武力行使を断行してクーデタを制圧した。「属国」の王都に軍隊が進駐したのは、「朝貢」関係ではきわめて異例である。

端的にいえば、「属国」に対する軍事的な「保護」権を主張するようになったのであり、以後の「属国」とは、清朝が軍事的にフリーハンドを有する緩衝地帯に転化したといってよい。緩衝地帯にせよ、軍事的な保護権にせよ、西洋的・近代的な概念であるにもかかわらず、その根拠は古来の「朝貢」儀礼の存在であった。関係国の合意した条約や協定によるものではない。そのため列強や日本と利害が対立すると、係争・衝突が避けられなかった。朝鮮だけではない。ベトナム・ビルマもそうであって、前者ではフランスとの清仏戦争にまで発展した。

その典型的な事件が、一八八四年一二月の甲申《こうしん》政変である。朝鮮政府の実権を握る一派に反撥した少壮の改革派が、日本の軍事援助を受けて起こしたクーデタで、ソウルに駐留する清軍が出動、改革派を支援する少数の日本軍を攻撃圧倒したため、日清の全面戦争になりかねない事態になった。伊藤博文(一八四一〜一九〇九)と李鴻章が一八八五年四月に交渉、合意した天津条約で、日清双方が朝鮮半島から撤兵したことで、危機は何とか回避される。

こののち東アジアは、十年の平和を保ちえた。清朝の主張する「属国」、かたや条約に明記する「自主」を兼ねそなえた朝鮮の地位が、関係国からは保護国にも独立国にもみえて、天津条約による軍事的な空白とあいまって、おいそれとは手出しできない相互牽制の作用を果たし、一種の勢力均衡をもたらしたからである。

しかし一八九四年春、朝鮮半島南部の全羅道で東学が蜂起し、その鎮圧のために朝鮮政府が清朝に援軍を求めたことから、破局が訪れた。「属国」関係による「保護」と「自主」規定にもとづく「独立」とが、にわかに矛盾をきたし、後者を主張する日本が派兵して戦争にもちこんだからである。

日清は同年七月二五日に豊島《プンド》沖の海戦、二九日に成歓《ソンファン》・牙山で激突、八月一日ともに宣戦布告をおこなった。こうしてはじまった日清戦争は、同年九月、陸戦で平壌の戦い、海上で黄海海戦に勝利した日本の圧勝に終わる。

第五章　「中国」

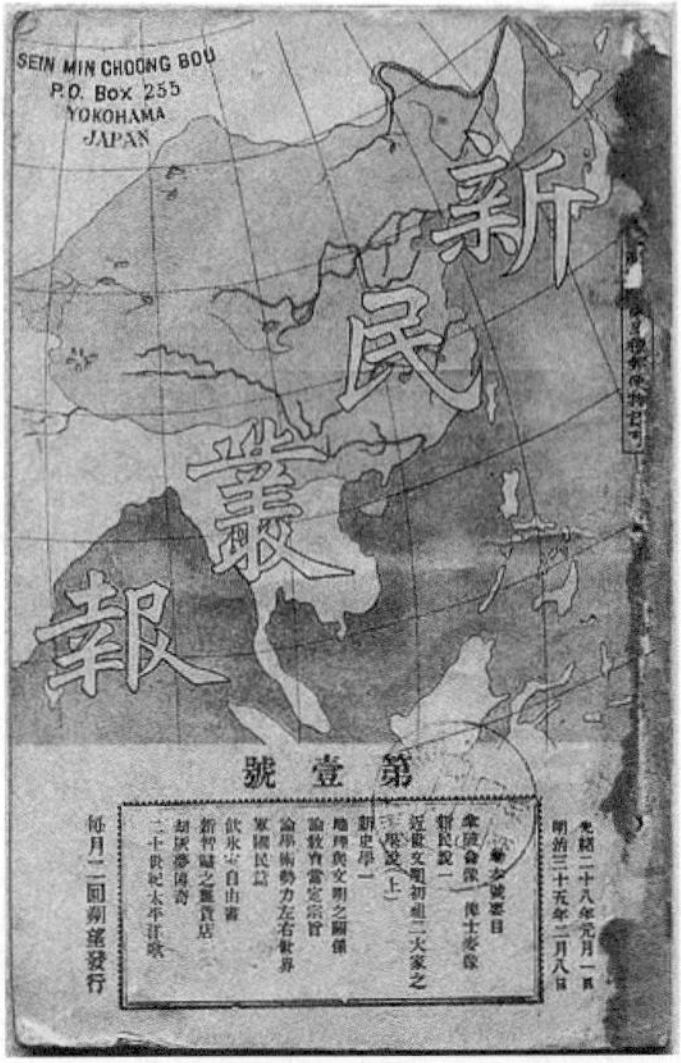

「中国」の範囲．初期の『新民叢報』の表紙は，「中国」を赤っぽい色で塗って，その「領土」を明示している．

一　転変

激動の世紀へ

日清戦争は東アジア史の分水嶺である。列島も半島も大陸も、これを境に列強の勢力拡大という世界の動向と不可分に関連して、明白な変貌を余儀なくされた。日本は大陸国家・帝国主義へ、朝鮮は大韓帝国・植民地へ、とよく知られた推移である。しかしいっそう著しかったのが、清朝であった。

年表風に跡づけるだけでも、一八九五年の下関条約・三国干渉にはじまって、露清密約・ドイツの膠州湾《こうしゅう》占領・英露の租借地獲得・戊戌《ぼじゅつ》変法・義和団事変・北京議定書と一九〇一年まで、ほぼ毎年のように重大事件が起こっている。

二〇世紀に入っても同様で、光緒《こうしょ》新政・辛亥《しんがい》革命・第二革命・第三革命・軍閥混戦・五四運動・国民革命・国共内戦・抗日戦争……。以下、とても各々すべてをつぶさに見てゆく暇はない。継起する事件の根柢にある構造的な要因を中心に、概括して述べたいと思う。

「垂簾聴政」と「督撫重権」で安定していた漢人統治の体制が、まず動揺をきたした。それぞれの主役たる西太后と李鴻章は、日清戦争当時それぞれ還暦と七十二歳で、もはや老耄《ろうもう》である。本人たちの衰弱だけではない。夭逝した同治帝（在位一八六一～一八七五）に代わった光緒帝（在位一八七五～一九〇八）が成人して親政をはじめていたし、日本に敗れて李鴻章の擁した清朝最大の軍事力が潰滅した。

「垂簾聴政」「督撫重権」の要諦は、中央・君主が権力を行使せず、地方・当局の裁量を生かせるところにある。しかし以後は、皇帝の実権復活と督撫の比重低下で、パワーバランスが逆の方向に傾いた。安定を欠き、ぐらつくのも当然である。

一八九八年の戊戌変法にはじまって、ほぼ半世紀後の中華人民共和国の成立に至るまでの政治史は、実にほぼその構図で説明できる。まず戊戌変法は、光緒帝が側近の康有為《こうゆうい》（一八五八～一九二七）らとともに主導した体制変革の試みだったし、その二年後、一九〇〇年の義和団事変は、西太后とその側近があえて列強に挑んだ戦争であった。前者は近代化で開明的、後者は排外で反動的な動きだから、ともすれば正反対にみえる。しかし実情に通じない中央が、イニシアティブをとって地方を置き去りにし、あげくに挫折した、というしくみは共通していた。

中央のイデオロギー、あるいは政権そのものが変わっても、また地方勢力の党派、顔ぶれが交替しても、こうした対立の局面はくりかえし継起している。二〇世紀に入って、一九一一年の辛亥革命に行き着いた抗争も、一九一二年の中華民国成立以後につづいた軍閥混戦・国共内戦もしかり、構造的な本質に変わるところはない。

その実体は中央と地方のせめぎ合い、後者の前者に対する抵抗であり、地方の意向・利害・実力を顧みない中央の想念・行動が、その契機をなしていた。日清戦争以前には起こらなかった事態であって、そこから「垂簾聴政」が「中央」政府に、「督撫重権」が「軍閥」勢力に転化したため、均衡を失って混迷を深めた経過をみることが可能である。

政治思想の変容

そうした転化・混迷を惹き起こした契機は、何より外在的なものだった。まずは日清戦争の敗北で、清朝の無力をみてとった帝国主義列強の利権獲得競争である。借款の供与にはじまり、鉱山・鉄道の利権や租借地の奪取、勢力圏の画定と続いた。見方によっては、同時代のアフリカにもみまがう分割であって、いわゆる「瓜分《かぶん》」の趨勢にほかならない。否応なく危機感が高まってきた。

そうした危機感は、まもなく政治思想の転換をもたらす。瑣末な穿鑿に流れて実用から離れがちな考証学のありようを反省し、目前の課題に応ずべく、経典の新たな解釈を打ち出した学派は、すでに一九世紀の前半から盛んだった。この時になると、それを現状の変革に用いようとする動きが強まってくる。

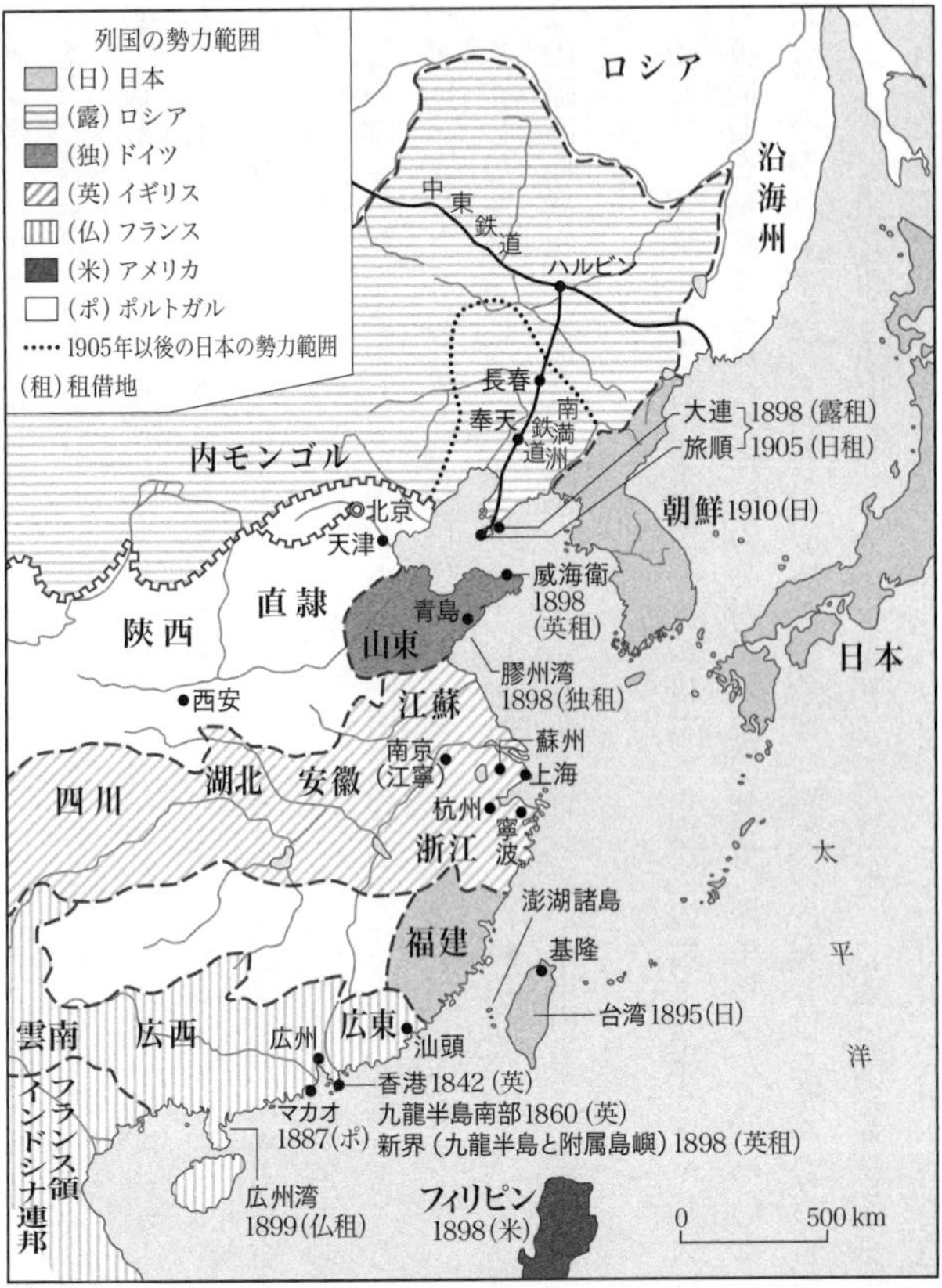

列国の勢力範囲
(日) 日本
(露) ロシア
(独) ドイツ
(英) イギリス
(仏) フランス
(米) アメリカ
(ポ) ポルトガル
1905年以後の日本の勢力範囲
(租) 租借地
ロシア
沿海州
中東鉄道
ハルビン
長春
奉天
南満洲鉄道
大連 1898 (露租)
旅順 1905 (日租)
内モンゴル
北京
天津
朝鮮 1910(日)
威海衛 1898 (英租)
直隷
青島
陝西
山東
膠州湾 1898 (独租)
日本
西安
江蘇
蘇州
南京 (江寧)
上海
湖北
安徽
四川
杭州
寧波
浙江
太平洋
澎湖諸島
福建
基隆
台湾 1895(日)
雲南
広西
広東
広州
汕頭
香港 1842 (英)
九龍半島南部 1860 (英)
新界 (九龍半島と附属島嶼) 1898 (英租)
マカオ 1887(ポ)
フランス領インドシナ連邦
広州湾 1899(仏租)
フィリピン 1898(米)
0
500 km

図35 「瓜分」図

光緒帝の信任を得た康有為は、たとえばその代表的な担い手であった。かれらがめざした「変法」は、明治日本をモデルにした体制変革である。康有為は儒学者なので、その変革を儒教に仮託した。たとえば宗教改革や民権を、孔子の教義になぞらえて提唱したのである。

こうした「変法」に対する賛否はこもごも激しく、康有為らはけっきょく挫折、失脚した。しかし思想も運動も、それで終わったわけではなく、反対者も追随者も後継者も、めざした変革の実質はかわらない。「変法」も、続く「新政」も「革命」も、政体・制度の西洋化、中央集権の国家体制を実現して、清朝を国民国家に作りかえる点で、選ぶところはなかった。それが外圧・「瓜分」に対抗する動機だったのも、まったく軌を一にする。

そうした外圧は、八ヵ国連合軍の北京占拠に帰結した義和団事変で、最高潮を迎えた。清朝は国際的に従属的な地位に置かれたばかりか、ロシアが大軍で東三省を占領、支配したのである。

隣接する朝鮮半島を勢力下に置きたい日本とロシアの南下を嫌うイギリスは、一九〇二年に日英同盟を結んで対抗した。双方の対立は解消せずに深まるばかり、ついに一九〇四年二月、日露戦争がはじまる。未曽有の凄惨な戦争は、奉天の占領と日本海海戦の勝利で日本の優勢でおわり、一九〇五年九月にポーツマス条約が結ばれた。日本は南満洲鉄道(満鉄)など、ロシアの有した利権を譲りうけ、列強の仲間入りを果たした一方で、局外中立を宣言した清朝は、日露相下らなかった結果、戦場にされた東三省を失わないですんだのである。

日露戦争の経過・結果は、いよいよ日本モデルをクローズアップした。皇帝専制のロシアが敗れ、欧米流の立憲制に転換した日本が勝利したことで、近代国家体制を採用すれば、滅亡を免れるだけでなく、自強もできると認知されたからである。

「中国」の誕生

かくて西洋化・近代国家形成は、もはや動かしがたい大義となった。眼前には、列国「並立」の激烈な国際競争が厳存する。列強が自分たちをバラバラにして滅ぼしかねない、という「瓜分」に対する恐怖心・危機感は、漢人の知識人から払拭されることはなかった。世界に「並立」する一国《ネイション》として自立するしか、生き残る道はない。こうして清朝の統治する範囲は一体不可分の国土だという意識ができた。危機感がつのるとともに、その意識もいよいよ高まってくる。


こうした立場の人々は、日本漢語で自らを「支那人」、自国を「支那」とよんだ。China/Chine を漢字に置き換えた語であり、西洋人・日本人が当然と考える国民国家を含意する。

だから当時の「支那」とは、まったく差別用語ではない。清新なニュアンスをもった新語・外来語であった。現状を打破し旧体制をつくりかえて、統一した近代国家の形成をめざす意

図36　梁啓超

思を表す。この外来語の「支那」をあらためて由緒ある、なじみ深い漢語に置き換えることで、いまの「中国」という称呼・国家概念ができた。本シリーズ第1巻の冒頭に紹介するように、康有為の高足《こうそく》・梁啓超《りょうけいちょう》（一八七三〜一九二九）がnational historyとして「中国史」を構想し、あらためて「中国」という国号を自国に命名したのも、そうした時代思潮のなせるわざである。

「支那」「中国」ばかりではない。梁啓超はこの種の日本漢語を積極的に駆使して言論活動を展開、旧来の漢語概念を西洋化し、国家主義など新しい概念・思想を普及させた。それがのちに口語体の現代中国語を作り、儒教など旧思想を否定した文学革命・思想革命の先駆をなしている。

もっともその新しい「中国」を治める政権は、さしあたって清朝しか存在しない。その政体・制度をつくりかえようとする動きが顕著になったゆえんである。時を同じくして、もはや清朝政権は頼りにならない、覆滅して体制を一新する必要がある、とする認識もひろがっていった。これが政治上の革命につながる。

こうした転変は決して、漢人社会だけにとどまるものではなかった。清朝政権はすでに漢人督撫の軍事力に支えられ、漢人社会の経済力に存立を依存している。だとすれば、同じ清朝政権そのものにも、また清朝が君臨する漢人以外の世界にも、漢人におこった変動の影響が及ばないはずはなかった。

その影響の最たるものが、にわかに説得力を持つにいたった「中国」一体化の追求である。その梃子として登場するのは、西洋的な近代国家の概念たる「領土」「主権」という日本漢語であった。清朝政府は漢人以外の住地「藩部」を「領土」として、そこに対する「主権」を主張し、支配を強化しはじめたのである。

「領土主権」

そうした動き自体は、必ずしも二〇世紀に至ってはじめて起こったものではない。たとえば、新疆である。そこはすでにみたとおり、「督撫重権」に組み込まれて、新疆省となっていた。「藩部」だけではない。海を隔てた台湾も同じであって、新疆建省とほぼ同じ時期、台湾省を設けている。

いずれも一八八〇年代、ロシア・日本・フランスという外敵に備えた措置であり、対外危機の産物である。「因俗而治」を通じた現地の自治に委ねるだけでは、統治を維持できなかったし、外敵の侵攻も阻止できない。そのために、漢人の統治で内乱の鎮圧・治安の維持に役立つてきた「督撫重権」を採用したわけである。

もっとも当時は、なお省を設置し「督撫重権」を施行するにとどまっていた。しかし二〇世紀に入ると、漢人の統治と同じく省を設けて、総督・巡撫を置くことが、とりもなおさず「中国」という一体化した国家の「領土主権」を保持するのと同義になってくる。かつての「督撫重権」は、政治思想の転換を通じて、新たな意味を有するにいたった。

二〇世紀初の「瓜分」で重大な脅威は、たとえば東三省に存した。日露が戦争に訴えるほどの角逐の場となり、また戦後も各々の勢力が浸透していたからである。清朝は一九〇七年、遅まきながら東三省総督を置いて、漢人の各省と同じ体制に改めた。日露戦争の結果、どうにか確保できた「領土」と「主権」を守ろうとした試みである。

東三省は元来、ヌルハチが興起した満洲人の故地であり、入関後も陪都が置かれて、漢人は足を踏み入れてはならない一種の聖域だった。ところがその位置づけは、やがて有名無実と化す。一八世紀の爆発的な人口増加と一九世紀のおびただしい移民流入によって、その豊かな森林は消尽し、一面大豆畑に変わって、住民の大多数も漢人が占めた。

そのためもあって、東三省に対する総督の設置・漢人統治の適用、つまり「領土」化に対する抵抗は、さほど見られない。しかしそうした経過は、東三省以外にはあてはまらなかったし、東三省それ自体も、とりわけ日本人には周知のとおり、円滑に「中国」と一体化したわけではなかった。

二　民国

チベット

焦点はチベットとモンゴル、いわゆるチベット仏教世界である。そこは一九世紀が終わるまで、いわば手つかずだった。清朝の統治が相対的にうまくいっていたこと、またそれだけ清朝政権が力を注いで秩序をつくりあげたことを意味する。

康熙帝以後、モンゴルの覇権を争ったジュンガルとの死闘を通じ、清朝はチベットとチベット仏教を押さえておく重要性を認識した。とりわけ乾隆帝は長い治世を通じ、チベット仏教を尊崇保護しつづけ、ダライラマに対する大施主のみならず、転輪聖王《てんりんじょうおう》の地位を固めている。

ともすればチベット仏教徒から、外来の征服者とみなされることもあった清朝皇帝は、こうして「仏教を広め衆生を救済する」者と認められた。なかんづく乾隆帝は、「菩薩王」と称されたほどで、その治世で満・蔵・蒙を一体とするチベット仏教世界の統治秩序が完成したといってよい。

漢人の統治に暗雲が垂れ込めた一九世紀も、チベットに大きな問題は起こらなかった。ただし南方のヒマラヤ諸国とは、絶えず紛争が生じている。すでに述べた「十全武功」の一つ、グルカ・ネパールとの衝突があったし、ブータンやシッキムなど、いっそう小さな国々も、その例に漏れない。

紛糾それ自体は多くの場合、取るに足らない規模ながら、南に隣接するインドとの関係が問題だった。とりわけ一九世紀の後半以降、イギリスがインドを植民地支配してからは、ヒマラヤ諸国を介して、チベットとの交通・通商を望んだのに対し、ダライラマ政権は清朝を盾として、拒む姿勢を崩さなかったからである。

ところが、日露戦争にもつながったイギリスのロシア南下に対する恐怖が、大きな転機をもたらした。ロシアの脅威からインドを防衛するためには、介在するチベットとの関係を緊密にしなくてはならない。そう判断したインド政庁は、ラサ遠征を敢行、ダライラマ政権と直接に交渉して、一九〇四年にラサ条約を結んだ。チベットは清朝の「宗主権」のもとにあるとは認めながらも、イギリスとの関係を自ら「直接に」とりきめたという合意である。

北京政府はこうした経過に驚愕した。すでに「領土主権」の概念を身につけはじめていたからである。チベットがイギリスと「直接に」交渉しては、清朝政権がそこに「主権」を有さないにひとしい。つまりチベットは、清朝の「領土」ではなくなってしまい、「中国」の一体化に反する。

清朝政権はそんな危機感に導かれて、チベットに対する「主権」をにわかに自覚するに至った。そこでチベット現地では、ダライラマの政教一体に任せてきた「因俗而治」を捨てて、あわただしく「領土」統治に転じはじめる。

その「領土」統治とは、漢人の各省と同じ体制にすることであった。東隣の四川省は東チベットに漢人の入植をすすめ、ラサでは新たに赴任した漢人の大臣が、軍事的・政治的な支配強化にとりかかっている。かつて尊重してきたチベット仏教世界の伝統など、もはや眼中にない。

そして一九一〇年二月、四川から清軍が支配強化のため、チベットに進攻しラサを占拠した。ラサを中心に「西蔵省」、東チベットに「西康省」を建てようとしたのであり、ダライラマ十三世(一八七六～一九三三)は難を避け、インドに亡命する。ところが、翌年一〇月一〇日、辛亥革命が勃発し、やがて四川省の清朝権力も崩潰して、チベットの清軍は駆逐された。ダライラマはラサに帰還し、チベットは事実上の独立を果たしたのである。

モンゴル

清朝政権にとって、チベットに勝るとも劣らない重要性を占めたのは、いうまでもなくモンゴルである。広大なモンゴルをごく大まかに区分すれば、清朝帝室と婚姻関係をもち、ほぼ一体となっていたのが、ゴビ砂漠より南に位置する「内蒙古」、よりゆるやかな主従関係にあったのが、ゴビ以北の「外蒙古」とすればよいだろうか。いずれも漢語なので、通時代的にみれば、必ずしも精確な区分ではない。しかし現代にも存続する、通りのよい概念なので、さしあたり便宜的概括的に用いて、論をすすめる。

「外蒙古」はすでに述べたとおり、チベット仏教世界の一部を構成していたから、清朝はそこに対し、チベット仏教を保護する「菩薩王」たる「ボグド・ハーン(聖なるハーン)」として君臨した。もとより長い年月を経るなかで、モンゴル遊牧社会の変容はまぬかれなかったものの、チベットと同じく相対的に安定した統治体制を実現してきたのである。激動の一九世紀を通しても、目立った紛擾や混乱はみられない。

しかし二〇世紀に入ると、清朝のいわゆる「新政」の波は否応なく、モンゴルにも及んできた。清朝政権がモンゴルを軽視したことはかつてない。しかし漢人知識人の政治思想の転換から、重視の意味合いも変わってきた。駐留軍を増し、王公や僧侶の優遇を制限し、漢人の活動制限を廃するなどの施策が、「内」「外」のモンゴルを通じておこなわれることになったのである。

清室と一体化していた「内蒙古」は、こうした動向に対する抵抗が微弱だったのに対し、距離をへだてた「外蒙古」の立場は、同じではない。長城に隣接する「内蒙古」で漢人の入植が増え、モンゴル人の牧地が減少してゆくのを目の当たりにしては、いよいよ不安はつのった。

一九一〇年に北京政府の任命をうけ、「外蒙古」のフレー（いまのウランバートル）に大臣《アンバン》として赴任し、そうした「新政」を強引に推し進めようとしたのが、三多《サンド》である。三多はモンゴル旗人ながら、杭州生まれで科挙の学位も有する人物で、むしろ同時代の漢人知識人に近かった。そのためか当時の漢人・満洲人の要人と同じく、「新政」を通じた「領土主権」の一体化と、モンゴルに対するその適用に、疑いをもっていない。

「外蒙古」の王公・僧侶は、三多・清朝政府の施策に強く反撥し、翌一一年には北京からの離脱をひそかにはかりはじめていた。そこに舞い込んだのが一〇月、辛亥革命勃発の知らせである。

「外蒙古」の王公・僧侶の反応は速かった。三多をフレーから追放し、チベット仏教の転生者・第八世ジェブツンダムバ・ホトクト（一八六九～一九二四）を「ボグド・ハーン」に推戴して、「独立」を宣言したのである。かれはチベット人ながら、チンギス裔のジェブツンダムバ一世の転生・後継者だった。フレーでのその即位は、清朝中央と断絶し、「中国」から離脱する意思を公然と示したものにほかならない。

図37　ジェブツンダムバ・ホトクト（ボグド・ハーン）

図38　溥儀

漢人と「五族」

モンゴル高原でボグド・ハーンが即位して、新政権を樹立したのは、一九一一年一二月二九日。はるか長城の南では、奇しくも同じ日、やはり清朝から「独立」した漢人の各省代表が南京で、中華民国臨時政府を組織している。つまり清朝中央から離脱したのは、チベット・モンゴルだけではなく、漢人も同じであった。

清朝はこのとき、名実ともに解体したわけである。一七世紀の東アジアで誕生し、そのカオスを収拾すべく、多元共存の中心的な役割を果たしてきたのが、清朝であった。そうした共存が破綻して解体したのだとすれば、清朝の歴史的な命脈も、やはりここで絶えたのだといってよい。

しかし清朝が亡んで退場しても、その役割と課題が消滅することはない。東アジアの混乱《カオス》は、二〇世紀にも異なる形で顕在化していたからである。

そこで最も重要な動きを示したのが、やはり巨大化した漢人世界であり、かれらの建てた中華民国である。中華民国は一九一二年二月一二日、清朝の宣統帝溥《ふ》儀《ぎ》から正式に遜位をうけて、名実ともに漢人主体の政権として発足した。そのさい「満《マンジュ》・漢・蒙《モンゴル》・回《ムスリム》・蔵《チベット》の五族を合せ、領土を完全《まっとう》して一大中華民国と為す」という条件がついていた。民国政府はこうした付託によって、清朝の規模をそのままうけつぐ法的根拠を有したのである。

しかし二〇世紀に入っての「五族」の統合とは、もはや往年の清朝流の多元共存ではない。「中国」の「領土」の一体性が根幹に存する。そのイデオロギーは以後、漢人が中心をなす「民族主義」となった。これをナショナリズムと呼ぶことも、確かに可能ではある。けれども「民族主義」はやはり、本書で述べてきたような歴史を背負ってできたものであり、また以下に述べるような経過をたどってゆくのであって、安易にいわゆる「ナショナリズム」と一般化するわけにはいかない。

図39　孫文

これに先立つ一九一二年元日付、孫文(一八六六～一九二五)の「臨時大総統就任宣言書」でも、「漢・満・蒙・回・蔵の諸族を合せて一人となす。これを民族の統一という」と定義した。この「統一」されて「一人」に擬せられる「民族」を、後年「中華民族」と通称する。周知のとおり、「中華民族」の「統一」こそ、民国時代から現代までを一貫する史実経過と不可分なタームではあった。

もっとも、「領土」「民族」の「統一」という付託・宣言・称呼・認識は一貫していても、それがリアルな現実であるとは限らない。むしろ現実がそうでないからこそ、ことさらそう唱えなくてはならないのが、実情だったというべきだろう。

統一か分立か

「五族」のうち圧倒的最多の人口を占め、中核をなすべきだと自任していた漢人自身が、そもそも「一人」・一体ではなかった。一九一〇年代・二〇年代の「中国」とは、対外関係としてみれば列強「帝国主義」の「瓜分」、国内政治としてみれば軍閥混戦であった。モンゴル・チベットの離脱ばかりではない。いわゆる中国本土《チャイナ・プロパー》の内部が、事実上すでにバラバラの情勢である。

そうした対内的な情勢と対外関係は、無縁な別個のものではなかったし、また単なる政治的な動向ともいえない。社会経済的にも根拠のあるものだった。表面的・外在的ではなく、むしろ本質的・構造的な事象だったのである。

ここで想起してほしいのは、第三章でみた「貯水池群」の市場構造、およびそれと不可分に形成されていた「銀銭二貨制」である。外部需要が流通・生産を活性化させる市場構造と地方間分業のしくみは、一九世紀の最末期まで本質的な変化はなかった。必然的に通貨上の「銀銭二貨制」も、上下が乖離し中間団体が支配的な社会構成も、その骨格は変わっていない（図

15・八一頁)。

政権の統治形態がつとに「督撫重権」に転じ、地方各省の裁量は増大していた。これは中間団体の数量・力量の増大に対応した権力機構の再編である。これで政権・当局が逸脱しがちだった「貯水池」・中間団体を把握できるようにはなった(図30・一四〇頁)。ただそうすると逆に、各省当局は在地の利害・結びつきを閑却できなくなり、ことに外部需要に関わる国際的な経済情勢が変わってくると、その姿勢にも変化があらわれる。

一八八〇年代、列強の金本位制移行にともなう銀価下落で、銀貨圏の中国産品の輸出が増加し、ついで一八九〇年代以降、第二次産業革命が本格化、ドイツ・アメリカなどの化学工業が勃興し、いよいよ中国本土《チャイナ・プロパー》の第一次産品の需要が増した。列強は求める産物をもつ各地域と直接に取引をはじめ、緊密に結びつく。各地が互いに銀で連結し、まとまりをなしていた従前の地方間分業は、かくて各地が海外に直結したことで、バラバラの様相を呈した(図40)。

それを通貨的に表現したのが、「銀銭二貨制」から「雑種幣制」への変化である。主として銀地金と銅銭でなりたっていた貨幣は、各地の金融機関がそれぞれ発行する紙幣や銅貨、銀貨などの混在するありさまとなった。「中国」全体としてみれば、英ポンドや米ドル・日本円のような国民国家・国民経済の単一通貨とは対極の、多種多様な「雑種」と化したのである(図40)。

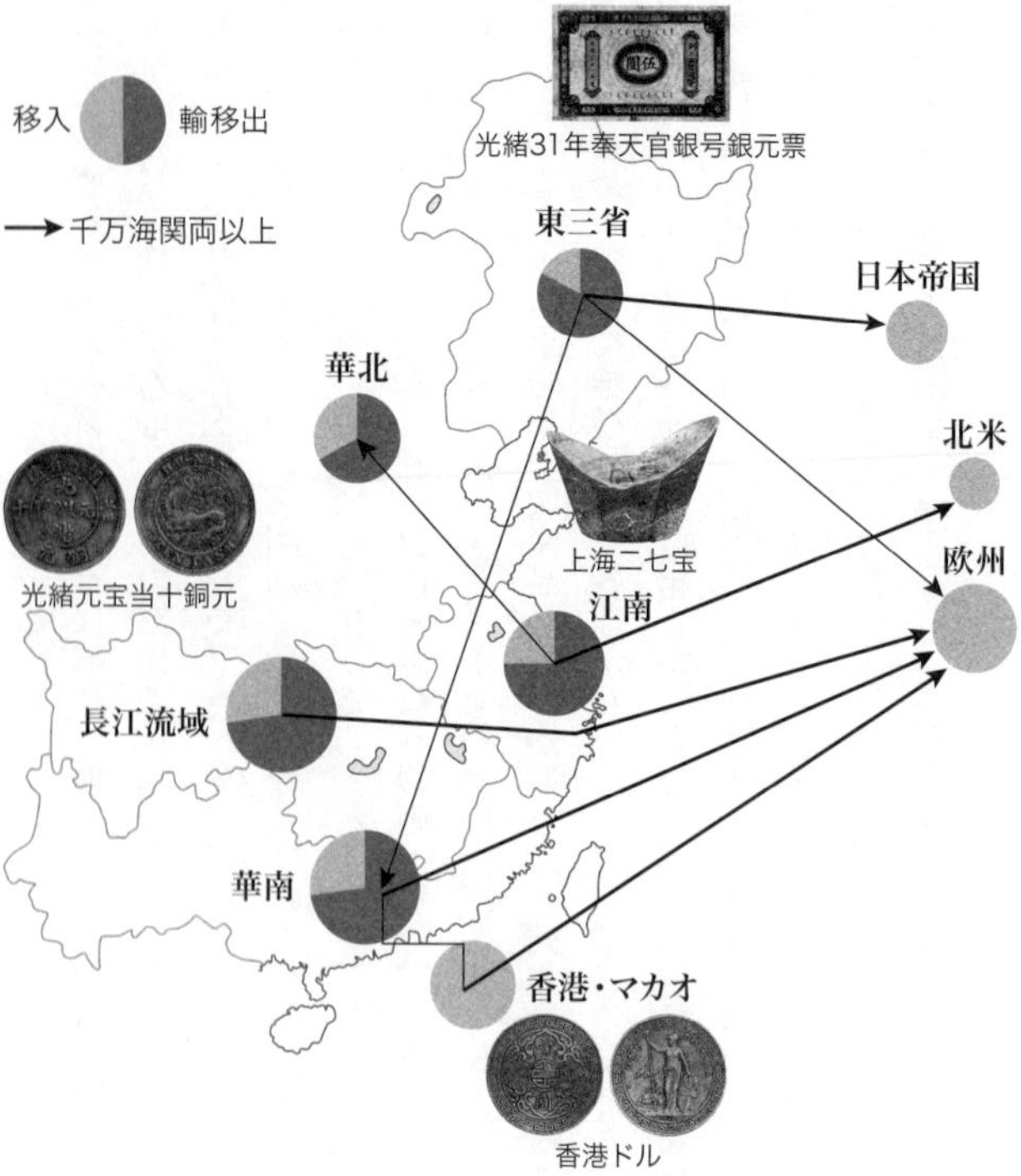

図 40　地域の交易構図「雑種幣制」

時あたかも日清戦争・義和団事変と時代が重なったため、「瓜分」という政治情況を呈していた。これも外から線引きをした、というよりは、中国各地の結びつきが外国との直結に変化した事態の政治的な表現とみたほうが肯綮にあたっているだろう。

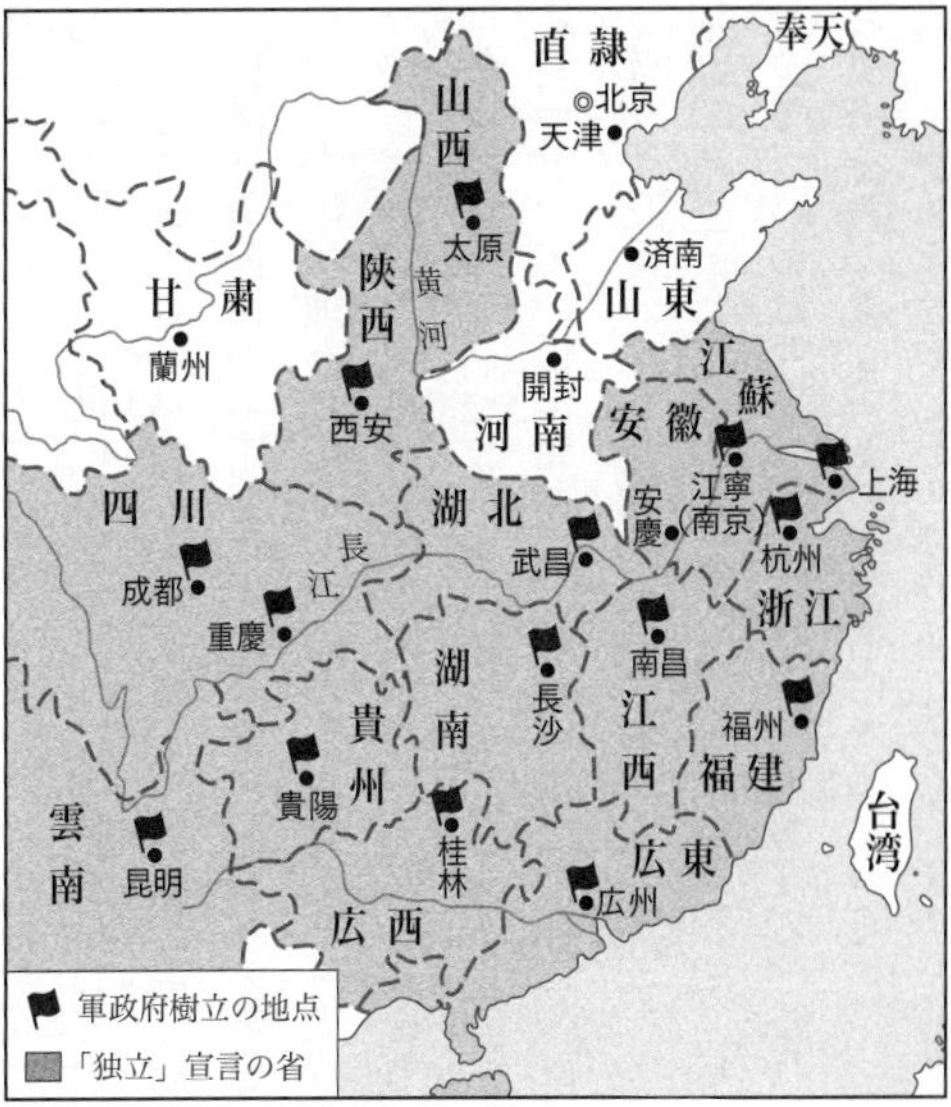

図41　辛亥革命(1911〜1912)

割拠の構造

各省督撫に君臨していた清朝が退場し、すでに外国と直結していた各省が自立した結果が、一九一一年の辛亥革命・一三年の第二革命・一六年の第三革命の各省「独立」であり、以後の軍閥混戦にほかならない。その典型的な事例をあげるとすれば、東三省すなわち「満洲」である。

そこではすでに述べたとおり、一八世紀からの移民流入で大豆の生産が普及した。その市場は一九世紀の後半までは、主として江南デルタで、地方間分業の一環をなしていたわけである。ところが一九世紀末から二〇世紀の初めにかけ、肥料として大豆粕を輸入した日本と、油脂化学工業を発展させたヨーロッパの需要が急増し、国際市場に振り向けられた。

日露戦争前後から本格化するロシア・日本の鉄道の敷設・経営も、それに拍車をかけた。輸出大豆を港に運んだのは、鉄道だからである。大豆輸出で得た外貨が、さらに移民と開拓をうながし、撫順の炭鉱や鞍山の製鋼など、鉱工業をも発展させた。

新開地の東三省では、貴金属が乏しかったので、金融には紙幣を用いることが多く、「現地通貨」としての紙幣発行は、県レベルで百種にのぼったともいわれる。このおびただしい紙幣を奉天票という小額紙幣の発行で整理したのが、一九二〇年代の軍閥・張作霖《ちょうさくりん》政権であった。「現地通貨」の奉天票を外界とつないだものが、日本の朝鮮銀行・横浜正金銀行が発行する銀行券で、いわば「地域間決済通貨」にあたる。これが日本円や英ポンドにリンクして、対外的な決済をおこなう、という構造になっていた。

こうした構造を支えたのが、東三省における在地政権・地方軍閥と列強勢力であり、それがすなわち張作霖と関東軍・満鉄の経済的な存在理由にほかならない。いわゆる「満洲国」はそうした多元的な役割を統合し、一元的な地方政権、さらには独立国家と化そうとしたものである。

このように、日本が関わった「満洲」は、見えやすく目立つけれども、同様のことは多かれ少なかれ、いわゆる中国本土《チャイナ・プロパー》の各地で起こっていた。そのうち一九三〇年代に英米と結びついて最大最強の規模を誇り、「中央」を標榜した政権が長江下流域の南京国民政府、また辛亥革命以来、最も長持ちしたのは、「モンロー主義」をかかげた山西省の閻錫山《えんしゃくざん》政権だったと考えることができる。

いずれにしても、割拠にはちがいない。統一的な国民経済・近代国家とは逆の事態である。このありさまを慨歎しない「中国」の知識人は、今はもちろん、当時もいなかった。かれらが念願したのは、当時の欧米列強のような強力な中央政府であり、統合的な国民経済であり、中央集権的な統一国家である。

にもかかわらず、知識人エリートの実際の行動は、あくまで郷紳として、社会的・経済的につながりの深い在地勢力を支持することに傾いていた。つまりは割拠をうながす方向であり、自身の提唱鼓吹する「民族」の「統一」とは、まったく矛盾した言行不一致である。

したがって「中国」という国民国家が実現しない理由を、「民族主義」に対立した列強の「帝国主義」ばかりに帰するわけにはいかない。それはむしろ、「中国」の歴史的な現実とそこから乖離した「民族主義」そのものに求める必要がある。

三　革命

国民党と共産党

しかし客観的にみて、「中国」という国民国家の形成は、いかに観念的ではあれ、やはり歴史をすすめる原動力の一つであった。その輿望・役割を担って登場したのが、国民党と共産党である。

最古参の革命家の孫文は、挫折をくりかえすなかで、たえず内外の情勢に応じて、自身の革命理論「三民主義」を発展させてきた。かくて一九二〇年代に入ると、「三民主義」は反帝国主義をめざし、社会主義を包含する革命理論となっている。

かれは一九二四年、この路線にしたがって国民党を改組した。それはロシア革命に大きな影響をうけたものであって、ボリシェヴィキ・ソ連赤軍にならい、厳格な規律を有した集権的な組織と党直属の軍隊を有する政軍一体の体制をとった。

先立つ一九二一年、上海でコミンテルンの支部として発足した中国共産党も、この点は異ならなかったから、国共は母胎を同じくする双生児のようなものである。そこで国民党は改組とともに、共産党員の加入を認めて、いわゆる国共合作が成立した。

孫文はその翌年、一九二五年に逝去したけれども、国共合作の「革命」は反帝国主義の気運に乗じて、著しく勢力を拡大する。そして孫文を後継した蔣介石《しょうかいせき》(一八八七〜一九七五)が、党直属の国民革命軍を率いて、北伐を敢行した。南京に国民政府を樹立し、一九二八年には北京政府を倒して全国政権の地位を固めたのである。

当時は軍閥が割拠、列強が勢力を扶植して、各地バラバラな状態で、しかもその内部では、貧富の格差が懸隔し、上下の階層に分断された社会が厳存していた。そんなありさまの「中国」を一元的な政権、求心的な「国民」・一体的な社会、つまり統一「国家」につくりかえる。それが「国民革命」の課題であった。

しかし蔣介石の南京国民政府はけっきょく、その解決はできなかった。満洲の権益に固執し、「瓜分」を助長する日本帝国主義が、まず眼前に立ちはだかっている。しかも共産党と袂を分かって、鋭く対立した。蔣介石は経済的心臓部の江南・上海を掌握し、英米の支持を獲得すべく、一九二七年四月一二日、反共クーデタを敢行して、ソ連・共産党と手を切ったからである。国民政府は英米と深くつながる富裕層と一体化したため、旧来の貧富・上下が乖離した社会構成を克服できない。対外的にも対内的にも、空間的にも社会的に

図42　蔣介石

図43　毛沢東

も、「中国」の統合を果たせなかったのである。

抗日戦争から中華人民共和国へ

世界恐慌をへて一九三〇年代に入ると、日本が「満洲国」を建て、日中関係は交戦状態に移行する。「抗日」という行動が、「反帝国主義」「民族主義」の理念と一致し、エリート指導層はその一点でまとまる機運に転じて、第二次国共合作・民族統一戦線の形成に至った。日本帝国主義という敵対者の出現と存在を通じて、国民国家の理念と行動の合致・一元化が、ようやく視野に入ってきたのである。

日中戦争は一九三七年、盧溝橋《ろこうきょう》事件・第二次上海事変で全面化し、当初は日本が優位を占めて、大都市や主要な鉄道など、要地・要衝を次々に占領した。けれども国民党も共産党も、内陸に退いて、頑強な抵抗を続ける。この構図はあたかも、かつての南京国民政府を髣髴させる。蔣介石は沿海の先進地域に拠って、経済的・軍事的に圧倒的な優勢を保ちながら、内陸の地方軍閥や共産党を撲滅できなかったからである。

抗日戦争は総力戦の様相を呈した。国共ともに総動員体制を余儀なくされ、民間人を個別に把握し、こぞって動員しなくてはならなかった。久しく民間社会を直接に治めることのなかった在来の政府権力の、かつてなしえなかったことである。権力は半ば強制的に基層社会へ浸透し、上下の一体化・社会の一元化の契機を得た。やがて経済体制の変革も視野に入ってくる。

抗日戦争は一九四五年、日本の敗戦で終結したけれども、それで平和は訪れなかった。国民党と共産党がまもなく軍事衝突し、内戦に突入したからである。そして敗れたのは、国民党・蔣介石であった。

国民政府は戦争による財政破綻、くわえて戦後の拙劣な経済政策と通貨管理で、ハイパー・インフレを招き、日本から奪回した沿海の都市部・経済先進地域で、人心を失ってしまう。かたや中国共産党をひきいる毛沢東《もうたくとう》(一八九三～一九七六)は、はるか以前から内陸の農村を地盤としてきた。このたびの内戦では、「農村が都市を包囲する」と呼号して国民党に挑み、まさしくそのとおりの経過をたどって勝利する。時に一九四九年一〇月一日、中華人民共和国の建国である。

戦時統制と計画経済

しかしながら中華人民共和国の前途は、多難であった。抗日戦争から国共内戦まで、十年以上におよぶ戦火を受けての船出である。しかも国民党がのがれた台湾とは、米ソ東西の冷戦構造に組み込まれ、対峙を続けなくてはならなかったし、建国早々の一九五〇年には、朝鮮戦争もおこった。その存立も危ぶまれる情勢だったのである。

内外艱難の国歩は、しかし国民国家「中国」の形成には、かえって有利にはたらく側面もあった。抗日戦争・国共内戦を勝ち抜いた共産党政権は、軍事・政治上の権力一元化を果たし、大陸でめぼしい敵対勢力はいなくなる。往年の督撫や軍閥のような割拠は、もはやありえない。その一方で冷戦構造のなか、西側諸国との関係・交渉が極度に制限されたから、経済的に海外と結びつく地方も、ごく少なかった。ますます国内の求心力が高まったのである。

かつて南京国民政府も、幣制改革を通じて通貨統一を試み、世界経済とつながる沿海地域の商工業を保護し、英ポンド・米ドルとリンクした「法幣」を発行した。その信用は外貨との兌換性で支えられたから、戦争・内戦でそれが破綻すると、各地に雑多な貨幣や軍票が出現し、国民政府自体も崩潰を免れなかったのである。

それに対し、共産党政権下の大陸は世界経済とほぼ断絶した。そのため逆に、独自で強力な経済統制が可能となって、各地の雑多な貨幣を駆逐し、人民元による全国一律の管理通貨制を布くことができた。

経済統制とは、いわゆる計画経済の断行であり、農村部では農業の集団化、都市部では商工業企業の国営化がそれに相当する。いずれも政府当局・党権力が、民間の経済活動に密着し、中央政府の意思を現場へ貫徹するものだった。これを通じて、人口の大多数が住む農村での格差解消と権力浸透がすすんだし、零細な企業がほとんどを占めた商工業でも、国営化が大きな抵抗なく進行したのである。このように政権が在地社会に根づいたことも、やはり国民政府以前にはありえなかった。

こうした「計画経済」は、しかし必ずしも経済的な合理性に即していたわけではない。むしろ当時の強い政治的・軍事的な動機と圧力によるものだろう。西側に対抗できる重化学工業の発達と食糧増産が必要だったし、基層社会への権力浸透は、抗日戦争中の総動員体制から進展していた。そんな戦時統制の余勢を駆っての、対外的な危機に応じた措置とみればよい。

毛沢東の時代

計画経済の施行は社会主義化の一環だから、共産党の政権なら必ずめざす目標の一つである。そして「中国」史上の文脈においても、革命的な意義があったことはまちがいない。伝統的な社会経済構造の枠組みが、統合的な国民経済に転換しうる契機を得たからである。その所産たる土地改革・幣制統一はそれぞれ、上下乖離してきた二元的な社会構造と空間的に多元的分散的な市場構造に変化をもたらした典型的な事例にほかならない。

一体化した国民国家こそ、二〇世紀の「中国」が念願したものだった。もっとも、共産党政権によるこうした一体化が、当時の「中国」人にとって幸福だったかどうかは、自ずから別問題である。一九五六年にはじまる「百花斉放《ひゃっかせいほう》・百家争鳴《ひゃっかそうめい》」から反右派闘争・「大躍進」に至る史実過程が、その間の機微をよく物語っている。

「百花斉放・百家争鳴」とは、ソ連でおこったスターリン批判で高まった共産党支配に対する不信を払拭するため、とりわけ都市部の知識人に対し、自由な発言をうながして、いわばガス抜きをはかろうとしたものである。ところが、いざ始まってみると、中国共産党が想定したレベルをこえる体制批判や党幹部指弾が噴出した。共産党政権は驚いて、にわかに弾圧に転じる。批判者たちに「右派」のレッテルを貼って、知識人の社会的な地位を剝奪した。

この反右派闘争で、担い手を失った中国の文藝思想・科学技術は大きく立ち後れ、まもなく「大躍進」の悲劇を導く。「大躍進」とは急進的な社会主義化で高度経済成長を果たそうとする計画で、国家の企図どおりに庶民を動員すれば、農工業で年二〇%の大増産を実現できる、とした。もちろん常軌を逸した、画餅にひとしい政策であって、経済に大混乱をきたし、数千万人に上る餓死者を出す災禍となる。

大躍進を主導した毛沢東に代わって政権を運営した国家主席の劉少奇《りゅうしょうき》(一八九八～一九六九)・総書記の鄧小平《とうしょうへい》(一九〇四～一九九七)は、疲弊した経済を建てなおすため、一部に市場経済をとりいれた政策を実施した。その効果もあって、一九六〇年代の半ばには、ようやく生産も回復のきざしを見せてくる。ところが毛沢東は、強く反撥した。そこで発動したのが、周知のとおり文化大革命である。

文化大革命から社会主義市場経済へ

毛沢東らは当初、攻撃のターゲットだった劉少奇らに「実権派」「走資派」というレッテルを貼った。後者は社会主義を裏切り、資本主義に転向した叛逆者というニュアンスで、そんなかれらから「実権」を奪うねらいである。

これだけなら、権力争奪の戦術にすぎない。また文化大革命の本質も、おそらくそうだった。しかしそれよりはるかに重要なのは、その戦術に呼応して出現し、兇行のかぎりをつくしたおびただしい紅衛兵が登場した現象、またその動きが一向に収束しなかった過程である。

劉少奇をはじめ、「実権」を握る指導層や知識人たちは、むごい憎悪・迫害を受け、おびただしい犠牲者を出した。紅衛兵とかれらを供給する下層の人々が、上層のエリートをここまで敵視できたのは、本質的に外者・敵対者だったからである。空間的にいっても、ごく大別して、エリートを輩出したのは富裕な都市であり、農村出身の下層民とは隔絶していた。二元構造の社会のなせるわざである。

そうした二元構造を一元化すべく、下層が上層を撃滅するのが、けだし毛沢東のとなえた「階級闘争」「社会主義」なのであり、かれ自身にとっては、その構図は国共相剋の時期から、おそらく一貫して変わっていない。確かに後世からみても、劉少奇らの政策は毛沢東の意に反して、「社会主義」化すべき「中国」を二元構造の旧社会に回帰させる方向性を有していた。それを否定して社会の一元化を達成するには、上層エリートの存在もろとも否定すればよい、とみなし、そのまま実行に移して、紅衛兵の動員・跋扈におよんだのであろう。

かくて文革は惨憺たる結果に終わり、とりわけ経済の落ち込みが著しかった。「走資派」鄧小平が復権したゆえんである。毛沢東的な「革命」「階級闘争」、上下の一体化はさしあたり不可能だから、むしろ二元構造のまま、共産党の支配を維持し、なおかつ経済を再建しようとの方針に転じたのが、一九七八年にはじまる「改革開放」であり、のち「社会主義市場経済」という体制に結実した。

「社会主義市場経済」とは、依然として「社会主義」を信奉する共産党が、政治を一手に独裁的にひきうけ、民間が「市場経済」をとりいれて経済を立てなおしてゆく、という趣旨である。一九九〇年代に入って、その「市場経済」の全面化にふみきると、中国は長期にわたる高度成長を実現した。その結果が現在の経済大国なのである。

「社会主義市場経済」は権力と民間が役割を分担した点で、毛沢東が克服できなかった二元構造の社会構成にみあう体制だったといってよい。それなら、旧来の上下乖離・二元構造に根ざす特質・弊害も、また免れなかった。いまはそれをたとえば「格差」や「腐敗」と呼んでいる。

「一つの中国」とその矛盾

継続する経済発展は、あくなき富の追求をうみだし、格差の拡大・腐敗の蔓延・犯罪の多発など、社会不安・治安悪化をひきおこした。すでに胡《こ》錦濤《きんとう》（一九四二〜 ）前政権で顕著になっていたそんな趨勢に、最も危機感を抱いているのは、当の中国共産党である。なればこそ、真っ先に反「腐敗」キャンペーンをはじめ、「法治」の強化・言論の統制にいそしむ習近平《しゅうきんぺい》（一九五三〜 ）の体制が、ほどなく安定して盤石となった。われわれ自ら目の当たりにしてきたところである。

図44　習近平

そもそも現代中国の経済発展は、対外的な開放を通じて外資を積極的にとりいれたところから始まった。外部需要の多寡に応じて経済景況が高下するのが、旧来の市場構造であったなら、その構造原理がなお残存していることになる。また経済発展にともない、貧富の格差が拡大したのは、内陸と沿海という地域的関係にも、あてはまる事態であった。二〇世紀の終わりに、内陸の再開発をうながす「西部大開発」プロジェクトが始まったのも、その必然的な結果であり、歴史的な課題といってもよい。

それなら、外国とむすびつく地域の分離傾向がまたぞろ顕著になって、「瓜分」の悪夢が再現するのではないか。そうした対外的な既視感・恐怖感も、大陸を支配する中国共産党に免れないところだろう。

国共内戦以来、いまなお海峡をはさんで睨み合う台湾が、まさにそうであった。西側と結びついていちはやく経済成長を遂げた台湾は、一九八〇年代以降、大陸政権・「中国」とは一線を画す姿勢を鮮明にし、またアメリカ・日本などがそれを支持している。台湾が「独立」し、「中国」から離脱しかねないとあっては、いよいよ共産党政権の立場は「中国」の一体性、すなわち「一つの中国」を譲れない。こうした問題は歴史的にみて、台湾だけではありえないからである。

民国時代より標榜してきた、「五族」からなる「中華民族」の「統一」も、現実は正反対であった。たとえば、辛亥革命時に「独立」を宣言したボグド・ハーン政権のモンゴルも、「領土の一部」と条約に明記しながら、一九二〇年代に社会主義国家として名実ともに独立し、体制を変えながら現在に至っている。

このように「領土」であるはずの旧「藩部」が離脱するのは、「中国」にあるまじき事態であった。以後の政権は国民政府であろうと、中国共産党であろうと、その前轍を踏んではならない。

辛亥革命で督撫重権から軍閥支配に移行していた新疆省では、ムスリム住民が一九三〇年代・四〇年代に、カシュガル・イリで東トルキスタン共和国を建てて、「中国」からの「独立」をはかった。その動きが弱体で、まもなく挫折した史実経過もふくめ、かつてのジハンギールの反乱・ヤークーブ・ベク政権の再現であり、そうした動きが十年ほど前のいわゆる「ウイグル騒乱」まで継続していると解することもできる。

習近平という現状

その新疆は中華人民共和国が「解放」し、「中華民族」を構成する「少数民族」の「ウイグル族」の「自治区」となった。新たな「領土主権」の措定にほかならない。現在もそこで「職業訓練」という名の同化が進行中なのは、周知のとおりである。かつてのヤークーブ・ベク政権の再現を恐れているのだろうか。

その間の事情は大なり小なり、内モンゴルなど、ほかの「自治区」もかわらない。なかんづく象徴的、かつ深刻なのは、チベットである。チベットは民国当初に、事実上の独立を果たしていた。しかし国民政府はその後ろ盾のイギリスをはばかりながらも、執拗に東チベット＝「西康省」の内地化をはかったし、第二次世界大戦でイギリスが疲弊し、隣接するインドが独立すると、中華人民共和国はラサに圧倒的な軍事力を送りこんで、「解放」を実現している。ラサ進駐が朝鮮戦争と同じ一九五〇年代はじめ、東の危機と並行しているのは、「領土」の一体化をはかる死活の時機とみたのだろう。「中国」からすれば、建国早々の国難を実力でしのいだことになるが、逆に朝鮮半島の立場からみれば、南北分断の定着、チベットではその後の動乱・鎮圧をへて、ダライラマ十四世（一九三五〜　）のインド亡命を余儀なくされた。さもなくば「中国」とその「領土主権」は確立しなかったのであって、いまもなお解決の糸口のみえない半島問題・チベット問題の直接の出発点でもある。

このように「一つの中国」、「中国」の一体化とそれにまつわる矛盾は、何も現在の習近平政権から始まったことではない。二〇世紀初頭以来の歴史的な淵源が厳存するし、それはまた、清朝の多元共存という体制にまでさかのぼって考えなくては、理解できない問題なのである。

目前の「中国」をめぐっては、新疆・香港・台湾など、いっそう尖鋭化した問題もあれば、南シナ海や尖閣など、やや忘れられている「領土」係争もある。習近平体制は「社会主義強国」化による「中華民族の偉大な復興」をめざして、いずれにも強硬な姿勢をくずしてはいない。そんな強権を清朝時代以来、牢乎と存する歴史の遺制と格闘するほかない、政権の宿命的な弱さのあらわれとみてしまうのは、歴史家の偏見であろうか。

おわりに――混迷の現代

「中国夢」と「中華民族」

本書の筆を起こした一六〇〇年から閲することと、足かけ四百二十年。眼前の世界はやはり、動きがめまぐるしい。「社会分断」と称されるアメリカ、EU離脱を決めたイギリス、内戦やまぬシリア、核問題で揺れるイラン、内外対立をくりかえすインドなど、問題が一向に解決しないまま、陸続と新たな事態が継起している。やはり年表的にキリのよい二〇二〇年は、後世からどう表現されるのだろうか。

神のみぞ知るところながら、しかしおそらく一つだけまちがいないのは、騒がしくキナ臭い、多事多難の現代世界を考えるには、わが東アジアを除外できないということである。リアルタイムの報道でもなじみ深い香港のデモ・新疆の「職業訓練」所・台湾の総統選挙・南北朝鮮の諸問題などなど。そうした問題すべてに「中国」が関わっている、といって過言ではない。

その「中国」のトップにいる中華人民共和国・現国家主席・習近平は、「中国夢 Chinese

しい。

Dream」をとなえてきた。いわゆる「中国夢」の根幹にあるのは「中華民族の偉大な復興」、その『中華民族』を英訳すれば、the Chinese nation である。それを「復興」する、とは、もともと存在していた nation に欠損のあるまま、しかるべき回復をみていない、というにひとしい。

この論理には、いくつも疑問符がつく。「中国」を China と訳してよいかどうかという語学的、かつ根本的な問題はさておき、「中華民族」の存在と「復興」には、やはり首をかしげざるをえない。それが四百二十年の歴史をたどってきた、素朴な結論であろうか。

「中国」という国家 nation-state を構成する nation が「中華民族」である。単一無二の国民国家であるためには、「中国」も「中華民族」も一つでなくてはならない。したがってその「中華民族」とは、「多元一体」を定義とする。「一体」なので一つであるはずながら、元来は「多元」だった。その「一体」化をはかって、なお進行中のプロセスなのだとすれば、それはまだ「一体」ではありえない。「中華民族」という「多元一体」が「夢」であるゆえんである。

もっとも本書で見てきたとおり、歴史をたどれば、そんな「一体」の「中華民族」は存在したことがない。かつて存在しなかったものをもとにもどす、回復させることはありえないから、「復興」もやはり現実ではない、「夢」だということになる。

清朝の時代的位置

東アジアの「多元」的な趨勢・状態は、すでに明末のカオスからはじまっていた。多元がカオスと化したのは、そもそも朝貢一元体制など、一元化をめざした明朝の硬直的な制度がついていけずに、混迷に拍車をかけたからである。体制と現状の軋轢にともなう事態、いわば制度疲労の結果だったので、多元化という情勢に対応すべき体制変革・制度改革で、カオスを収拾しうる余地があった。

清朝はその役割をまさしく周到に果たし、明朝の下では治まらなかった東アジアに、平和を回復して繁栄をもたらす。そこに史上の存在意義があった。

なるほどめざましい成果ではある。けれどもそこに幻惑されて、清朝の実力・実績を過大評価してはならない。多元を一元に転化させる力量はなかったからである。実現できたのは、「因俗而治」という対症療法を通じた多元共存にすぎない。

たとえば雍正帝は、困難きわまる漢人統治の改革にあえて挑んだ。しかしいかに勤勉無比の帝でも、その成果は既成の体制に即した、いわば旧弊の除去にとどまっている。

清朝が栄華を謳歌した一八世紀は、西洋近代・世界経済という新しい歴史的な段階であった。東アジアの繁栄も、漢人社会の人口激増、移民・開発の進展、流動性の高まりをともなっている。それはもはや「因俗而治」・対症療法だけでは安定を維持できない、未曽有の拡大膨脹で

「中国」へ

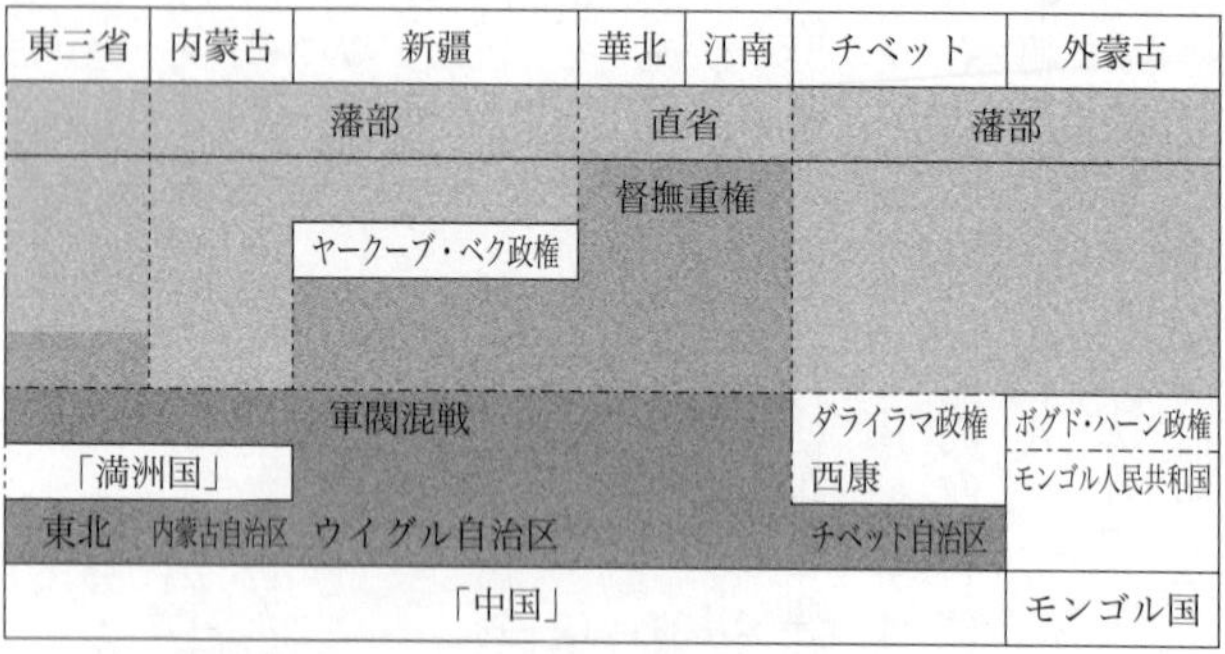

あった。清朝はついていけなくなっていたのであり、雍正帝の改革の成果が失われていったのも当然である。

端的にいうなら、政府権力が民間社会をコントロールできない、という事態であり、そのこと自体、実は一七世紀の明朝滅亡で、つとに明らかだった。それはあながち清朝自身の罪ではない。漢人社会在来の積弊《せきへい》であって、なればこそ明末の黄宗羲・顧炎武も、「天下」の私物化に起因する「衰世」「亡天下」を慨歎し、新たな体制を模索したのである。

しかしどうやら清朝には、その任は重かった。雍正帝ですら手が及ばず、やがて地方民間の体制逸脱、多元勢力のカオス化などが生じてくる。かつて明朝の制度疲労で呈した現象の、さながら再演であった。

黄宗羲・顧炎武の著述が三百年の時を越え、清末に「革命」のスローガンとして復活したのは、そうした事情を雄辯に物語るものであった。「清末はウェスタン・

表2　清朝から

	周辺国	南洋・西洋	日本	台湾
18C（清代）	属国	互市		
1860 北京協定 1871 日清修好条規 1895 下関条約 1907 東三省建省 1911 辛亥革命 1931 満洲事変 1949 中華人民共和国	朝鮮独立		明治日本	日本領 中華民国
21C（現在）	外国			台湾

xii〜xiii頁の表1より続く．ダライラマ政権はインド・ダラムサラに亡命中

インパクトを経由せる明末」だと断じた島田虔次の評言も、「思想史」の範疇ばかりにとどまるものではない。

「夢」に向かって

清朝なかりせば、東アジアの多元勢力をとりまとめ、平和と繁栄をもたらす事業はかなわなかった。しかし歴史というのは、常に冷酷である。非力なりに最善を尽くしたはずの清朝は、「革命」の声の中で亡んでいった。「排満」を呼号し、清朝に取って代わった漢人たちは、その歴史的な位置づけをどこまで理解していただろうか。

そんな清末から現代までの帰趨は、以下の表2に示すとおり。

二〇世紀の初め、「中国」の「一体」化が、清朝という多元共存のシステムに代わった。従前の督撫重権を通じて、当時「一体」にしようとした「中国」とは、表2でいえば「東三省」から「外蒙古」に及ぶ範囲にあたり、

日本の敗戦後はもちろん「台湾」もふくむ。

そうした「中国」化の動きに反撥して、かつての「藩部」は「独立」に向かったし、「華北」「江南」の各省も、軍閥混戦で分立を免れなかった。国民党・共産党が政権を掌握すると、今度はその形勢に反撥して、いよいよ「一体」の「中国」を実現しようとする。二〇世紀の「中国」史とは、そうした多元勢力のくりひろげる「一体」と分立のせめぎ合いだった。

そして二一世紀の現代。「多元一体」の「中華民族」も、「一つの中国」も、なお「夢」の段階であって、いまだ実現をみていない。台湾は大陸との距離をとり、新疆・チベット・内蒙古など「中国」内部に組み込まれた「自治区」では紛争を重ね、「中国」に「回帰」したはずの香港も、「一国両制」が機能不全に陥った現状である。なればこそ、政権はかえって「夢」の実現に固執してしまうのだろうか。

表2の範囲に関するかぎり、清朝の多元共存が失われて、混迷は悪化したといってもよい。その帰趨が二〇二〇年以降、来たるべき時代の展望に関わる。

グローバルな世界を形づくった一七世紀にはじまる四百二十年の歴史は、いったい何だったのか。東アジアの現代が、かつてのカオスならぬ混迷を深めるのは、その答えが摑めないからなのであろう。行く末の「夢」を語る前に、来し方の史実をあらためて見つめなおしたい。

あとがき

「中国」は、三千年あまり前の西周初期の時代には、首都とその近辺を指すことばであった。

本シリーズ第1巻・開巻劈頭の章句である。いわゆる「首都」とは、主観的には天下の中心・世界の首邑であった。それは唯一無二の存在であると同時に、あくまで主観だった以上、どこでも「中国」でありうる。

それが現在の「中国」という漢語になり、特定の場所・国をさすにいたった経過は、小著で述べたのでくりかえさない。「中国」が指し示す姿態・内実が転変するにともない、字面じたいの意味内容も、およそ変わってきた。

しかしどうやら、「三千年あまり前の西周初期」以来のニュアンスがまったく変化して消滅した、というわけでもない。首邑・中心というかつての意味と、自称・固有名詞の用例とが兼ね合わさって、「中国」という現代の国名があり、それが「中国人」の意識と行動の枠組みを据えている。

漢語を使いながら漢語に疎い日本人には、そのあたりがわからない。それでは、「中国の歴史」も現代「中国」のこともよくみえないと思う。文字どおりの小著ながら、現代につながる歴史の、一端でもかいまみるよすがにでもなれば、望外の喜びである。

「シリーズ 中国の歴史」をしめくくるにあたって、発刊の縁起を簡単に記しておきたい。岩波新書の通史シリーズ、日本近現代史と中国近現代史からはじまって、好評を博してきた。日本史のほうは以後、古代史・近世史・中世史と続いているのに、中国史は近現代史しかないのは、どうにもバランスが悪い。

それで「中国の歴史」が企画の運びになった……まではよかった。しかし「シリーズ」をどのような内容にするのかは、当初から悩ましい課題だった。日本史よろしく「古代」「中世」「近世」と分けてよいものか。そもそも時代区分が疑わしいのは、「中国の歴史」では研究の常識だったはず……。

数冊で構成する中国通史といえば、従前にもすぐれたシリーズがいくつも出てきた。その先例にならって時系列に並べ、時代や政権で区切るのが、最もオーソドックスではある。さりながら、あまりかわりばえのしない枠組みにすると、中身も凡百のものになってしまいそうで、わざわざ新たに刊行する意味がないとも思われた。

どうせ作るのなら、……とダメモトで冒険を試みた提案が、シリーズ各巻の冒頭に示したような構成である。幸いに版元と執筆者のみなさんの賛同を得て、協議を重ねて具体化し、成案を得たのが二〇一六年七月の末。それからほぼ四年、何とかめでたく完結にこぎつけることができそうである。

昨今の多忙のなか、無理をおして執筆いただいた各巻の著者のみなさん、周到な編集にあたってくださった岩波書店の永沼浩一さん、中山永基さん、杉田守康さんに、まず深甚の謝意を申し上げたい。

そして小著については、年来の疲労で息絶え絶えの筆者を、飯田建さんが細心の激励と鞭撻で、上梓まで導いてくださった。また畏友の君塚直隆さん、村上衛さん、根無新太郎さんからは、いつもながら惜しみないご教示を賜った。とくに記して、衷心の感謝を表す次第である。

二〇二〇年三月　新型コロナでゆれる日本・中国・世界をみつめつつ

岡本隆司

索　引

ア 行

カ 行

サ 行

タ 行

ナ 行

ハ 行

マ 行

ヤ 行

ラ 行

ワ 行

略年表

西暦と中国の旧暦とは完全に一致しないので，西暦表示はめやすである．

1583	ヌルハチ挙兵
1616	ヌルハチ即位
1634	ホンタイジ，モンゴル遠征
1636	大清国建国．丙子胡乱(～1637)
1644	ドルゴン，山海関を越えて北京入城(入関)
1661	鄭成功，台湾占拠．康熙帝即位
1662	南明滅亡
1663	『明史』事件，荘廷鑨ら処断(文字の獄)
1670	顧炎武『日知録』初刻出版
1673	呉三桂挙兵，三藩の乱(～1681)
1683	鄭氏政権降伏，台湾併呑
1684	海禁解除
1688	ジュンガルのガルダン，ハルハ制圧
1689	ネルチンスク条約締結
1697	康熙帝の親征，ガルダン敗亡
1720	チベット帰服
1722	雍正帝即位
1726	科挙出題事件，査嗣庭ら処断(文字の獄)
1727	キャフタ条約
1735	乾隆帝即位
1755	ジュンガル滅亡
1759	ヤルカンド占領，東トルキスタン全域を制圧，新疆の成立
1782	『四庫全書』編纂完了
1793	マカートニー使節団．乾隆帝，ジョージ3世に勅命
1796	白蓮教徒の反乱(～1804)

1799	乾隆帝崩御
1826	新疆でジハンギールが反乱
1839	林則徐，アヘン毀却
1840	イギリス，中国遠征軍派遣
1842	南京条約締結
1851	太平天国挙兵
1856	アロー戦争
1858	天津条約締結
1860	英仏連合軍，北京入城．英仏と北京協定を締結
1861	総理衙門設立．辛酉政変
1862	李鴻章，淮軍編成
1864	太平天国滅亡．新疆大反乱
1868	淮軍，捻軍を制圧
1871	日清修好条規．ロシア，イリ地方を占拠
1873	左宗棠，「回乱」鎮定
1874	台湾出兵事件
1876	江華島条約締結
1877	ヤークーブ・ベク歿，カシュガル政権崩潰
1879	琉球処分
1881	ペテルブルク条約
1882	壬午軍乱，ソウル派兵
1884	清仏戦争(～1885)．新疆省設置．甲申政変，日清がソウルで武力衝突
1885	日清天津条約．清仏天津条約
1894	東学の蜂起．日清戦争(～1895)
1895	下関条約締結．三国干渉
1896	露清密約．ロシア，中東鉄道敷設権獲得
1898	ドイツ，膠州湾占拠．戊戌変法
1900	義和団事変
1901	北京議定書
1902	日英同盟．梁啓超，『新民叢報』創刊
1904	日露戦争(～1905)．英蔵ラサ条約締結

1905	ポーツマス条約．日本，南満洲鉄道などの利権獲得
1907	東三省総督設置
1910	チベット進攻，ラサ占拠(～1911)
1911	辛亥革命．モンゴル独立宣言，ボグド・ハーン即位
1912	中華民国成立．宣統帝退位
1913	第二革命
1915	日本，対華 21 ヵ条要求提出．袁世凱帝政，第三革命(～1916)
1917	対独・墺宣戦布告．ロシア革命
1919	五四運動．中国国民党結党
1921	中国共産党結党
1924	国民党改組，第一次国共合作(～1927)
1926	国民政府による第一次北伐開始
1927	蔣介石，反共クーデタ，南京国民政府樹立
1928	第二次北伐
1931	満洲事変
1932	「満洲国」成立
1933	東トルキスタン共和国樹立(～1934)
1937	盧溝橋事件．第二次上海事変．第二次国共合作(～1945)
1945	日本，降伏
1949	中華人民共和国成立．国民政府は台湾に移転
1950	朝鮮戦争(～1953)
1951	ラサ進駐
1956	百花斉放・百家争鳴
1957	反右派闘争(～1958)
1959	チベット動乱．ダライラマ 14 世亡命
1966	文化大革命(～1976)
1976	毛沢東歿
1978	改革開放
1989	第二次天安門事件
1993	「社会主義市場経済」を憲法に明記
1997	鄧小平歿．香港返還

2000	西部大開発
2008	チベットで反政府デモ
2009	新疆ウイグル騒乱
2013	習近平，国家主席就任

主要参考文献

本巻全体にかかわるもの

安部健夫『清代史の研究』創文社，1971 年
岩井茂樹『中国近世財政史の研究』京都大学学術出版会，2004 年
岡田英弘・神田信夫・松村潤『紫禁城の栄光 ── 明・清全史』講談社学術文庫，2006 年
岡本隆司『近代中国と海関』名古屋大学出版会，1999 年
岡本隆司『近代中国史』ちくま新書，2013 年
岡本隆司『中国の論理 ── 歴史から解き明かす』中公新書，2016 年
岡本隆司『中国の誕生 ── 東アジアの近代外交と国家形成』名古屋大学出版会，2017 年
岡本隆司『清朝の興亡と中華のゆくえ ── 朝鮮出兵から日露戦争へ』叢書「東アジアの近現代史」第 1 巻，講談社，2017 年
岡本隆司『世界史序説 ── アジア史から一望する』ちくま新書，2018 年
岡本隆司編『中国経済史』名古屋大学出版会，2013 年
岡本隆司・箱田恵子編『ハンドブック近代中国外交史 ── 明清交替から満洲事変まで』ミネルヴァ書房，2019 年
岸本美緒『東アジアの「近世」』山川出版社・世界史リブレット，1998 年
岸本美緒『風俗と時代観 ── 明清史論集 1』研文出版，2012 年
岸本美緒『地域社会論再考 ── 明清史論集 2』研文出版，2012 年
岸本美緒・宮嶋博史『世界の歴史 12 明清と李朝の時代』中央公論社，1998 年
島田虔次『中国の伝統思想』みすず書房，2001 年
檀上寛『天下と天朝の中国史』岩波新書，2016 年
長谷川貴彦『産業革命』山川出版社・世界史リブレット，2012 年
坂野正高『近代中国政治外交史 ── ヴァスコ・ダ・ガマから五四運

動まで』東京大学出版会，1973年
ジョン・ブリュア／大久保桂子訳『財政＝軍事国家の衝撃 ── 戦争・カネ・イギリス国家 1688-1783』名古屋大学出版会，2003年
山口瑞鳳『チベット』下，東京大学出版会，1988年
吉田金一『近代露清関係史』近藤出版社，1974年
吉田順一監修・早稲田大学モンゴル研究所編『モンゴル史研究 ── 現状と展望』明石書店，2011年

はじめに・第1章

石橋崇雄『大清帝国への道』講談社学術文庫，2011年
石濱裕美子『チベット仏教世界の歴史的研究』東方書店，2001年
岩井茂樹『朝貢・海禁・互市 ── 近世東アジアの貿易と秩序』名古屋大学出版会，2020年
岡田英弘『康熙帝の手紙』藤原書店，2013年
パミラ・カイル・クロスリー／佐藤彰一訳『グローバル・ヒストリーとは何か』岩波書店，2012年
承志『ダイチン・グルンとその時代 ── 帝国の形成と八旗社会』名古屋大学出版会，2009年
杉山清彦『大清帝国の形成と八旗制』名古屋大学出版会，2015年
田代和生『書き替えられた国書 ── 徳川・朝鮮外交の舞台裏』中公新書，1983年
谷井陽子『八旗制度の研究』京都大学学術出版会，2015年
野見山温『露清外交の研究』酒井書店，1977年
K・ポメランツ／川北稔監訳『大分岐 ── 中国，ヨーロッパ，そして近代世界経済の形成』名古屋大学出版会，2015年
松浦茂『清の太祖　ヌルハチ』中国歴史人物選第11巻，白帝社，1995年
宮脇淳子『最後の遊牧帝国 ── ジューンガル部の興亡』講談社選書メチエ，1995年
村上信明『清朝の蒙古旗人 ── その実像と帝国統治における役割』

風響社・ブックレット《アジアを学ぼう》4，2007年
柳澤明「1768年の「キャフタ条約追加条項」をめぐる清とロシアの交渉について」『東洋史研究』第62巻第3号，2003年
吉田金一『ロシアの東方進出とネルチンスク条約』近代中国研究センター，1984年

第2章

植村清二『アジアの帝王たち』中公文庫，1988年
岡洋樹『清代モンゴル盟旗制度の研究』東方書店，2007年
岡本隆司『腐敗と格差の中国史』NHK出版新書，2019年
宮崎市定『宮崎市定全集14 雍正帝』岩波書店，1991年
柳澤明「康熙56年の南洋海禁の背景 ── 清朝における中国世界と非中国世界の問題に寄せて」『史観』第140冊，1999年

第3章

岸本美緒「清朝とユーラシア」歴史学研究会編『講座世界史2 近代世界への道 ── 変容と摩擦』東京大学出版会，1995年，所収
岸本美緒『清代中国の物価と経済変動』研文出版，1997年
黒田明伸『中華帝国の構造と世界経済』名古屋大学出版会，1994年
黒田明伸『貨幣システムの世界史』岩波現代文庫，2020年
滋賀秀三『清代中国の法と裁判』創文社，1984年
斯波義信『中国都市史』東京大学出版会，2002年
島田虔次『朱子学と陽明学』岩波新書，1967年
檀上寛『明朝専制支配の史的構造』汲古書院，1995年
豊岡康史・大橋厚子編『銀の流通と中国・東南アジア』山川出版社，2019年
原洋之介『アジア型経済システム ── グローバリズムに抗して』中公新書，2000年
J・R・ヒックス／新保博・渡辺文夫訳『経済史の理論』講談社学

術文庫，1995 年
溝口雄三ほか編『アジアから考える[6] 長期社会変動』東京大学出版会，1994 年
宮崎市定『宮崎市定全集 13 明清』岩波書店，1992 年
宮崎市定『宮崎市定全集 17 中国文明』岩波書店，1993 年

第 4 章

岡本隆司『属国と自主のあいだ ―― 近代清韓関係と東アジアの命運』名古屋大学出版会，2004 年
岡本隆司『世界のなかの日清韓関係史 ―― 交隣と属国，自主と独立』講談社選書メチエ，2008 年
岡本隆司『李鴻章 ―― 東アジアの近代』岩波新書，2011 年
小沼孝博『清と中央アジア草原 ―― 遊牧民の世界から帝国の辺境へ』東京大学出版会，2014 年
片岡一忠『清朝新疆統治研究』雄山閣，1991 年
フィリップ・A・キューン／谷井俊仁・谷井陽子訳『中国近世の霊魂泥棒』平凡社，1996 年
斯波義信『華僑』岩波新書，1995 年
豊岡康史『海賊からみた清朝 ―― 18～19 世紀の南シナ海』藤原書店，2016 年
野田仁『露清帝国とカザフ＝ハン国』東京大学出版会，2011 年
坂野正高『近代中国外交史研究』岩波書店，1970 年
マカートニー／坂野正高訳注『中国訪問使節日記』平凡社東洋文庫，1975 年
三田村泰助「満州《ママ》族支配の落日」田村実造編著『世界の歴史 9 最後の東洋的社会』中公文庫，1975 年，所収
村上衛『海の近代中国 ―― 福建人の活動とイギリス・清朝』名古屋大学出版会，2013 年
柳澤明「ロシアの東漸と東アジア ―― 19 世紀後半における露清関係の転換」和田春樹ほか編『岩波講座 東アジア近現代通史 1 東アジア世界の近代　19 世紀』岩波書店，2010 年，所収

第5章・おわりに

石濱裕美子『清朝とチベット仏教――「菩薩王」となった乾隆帝』早稲田大学出版部，2011年
市古宙三『近代中国の政治と社会』増補版，東京大学出版会，1977年
岡本隆司『袁世凱――現代中国の出発』岩波新書，2015年
岡本隆司『東アジアの論理――日中韓の歴史から読み解く』中公新書，2020年
岡本隆司編『宗主権の世界史――東西アジアの近代と翻訳概念』名古屋大学出版会，2014年
木越義則『近代中国と広域市場圏――海関統計によるマクロ的アプローチ』京都大学学術出版会，2012年
笹川裕史『中華人民共和国誕生の社会史』講談社選書メチエ，2011年
島田虔次『中国革命の先駆者たち』筑摩叢書，1965年
島田虔次『中国思想史の研究』京都大学学術出版会，2002年
橘誠『ボクド・ハーン政権の研究――モンゴル建国史序説 1911-1921』風間書房，2011年
田中克彦『草原の革命家たち――モンゴル独立への道』増補改訂版，中公新書，1990年
ジェローム・チェン／北村稔・岩井茂樹・江田憲治訳『軍紳政権――軍閥支配下の中国』岩波書店，1984年
野沢豊編『中国の幣制改革と国際関係』東京大学出版会，1981年
狹間直樹『梁啓超――東アジア文明史の転換』岩波現代全書，2016年
溝口雄三ほか編『アジアから考える[3] 周縁からの歴史』東京大学出版会，1994年
村松祐次『中国経済の社会態制』東洋経済新報社，1949年(復刊版1975年)
安冨歩・深尾葉子編『「満洲」の成立――森林の消尽と近代空間の形成』名古屋大学出版会，2009年

吉澤誠一郎『愛国主義の創成 ― ナショナリズムから近代中国をみる』岩波書店，2003 年
梁啓超／岡本隆司・石川禎浩・高嶋航訳『梁啓超文集』岩波文庫，2020 年

以上，小著のなかで引用したものや翻訳書もふくめ，和文の信頼できる著書を中心として列挙し，若干の雑誌論文をくわえるにとどめた．なるべく親しみやすい手軽な著述を選ぶようにつとめたものの，そうはいかない論点もあって，若干の学術書や学術論文も交えている．

本シリーズ全体の方針に則ったところながら，こうした点，どうも誤解の向きもあるようなので，末尾にひとこと申し添えたい．

研究は日進月歩を重ねるけれども理系・自然科学と異なって，人文学とりわけ歴史学は，新しい研究成果ほどよい，依拠するに足る，というわけではない．「通史」の立場からする「中国の歴史」には，なかんづくその傾向が強く注意する必要がある．小著なら本文に言及した，東アジアに関わるグローバル・ヒストリーに代表される英語圏の所説は，その典型といってもよい．本シリーズ全体でいえば，中国語圏はもちろん，日本語の論著も同断であろう．このグローバル化の時代なればこそ，あらためて確認しておかねばならない．

図表出典一覧

＊印は掲載にあたって変更を加えた.

iv 頁地図*……岡本隆司『中国の誕生 ―― 東アジアの近代外交と国家形成』名古屋大学出版会，2016 年
第 1 章扉，図 44……Getty Images
図 1～図 4，図 6，図 8，図 12，第 3 章扉，図 20～図 26，図 28，図 31～図 33，図 36～図 39，図 42，図 43……Wikimedia Commons
図 5*……朴漢済編，吉田光男訳『中国歴史地図』平凡社，2009 年
図 7*……増井経夫『大清帝国』講談社学術文庫，2002 年
図 9……Rubin Museum of Art, Gift of the Shelley & Donald Rubin Foundation, F1996.29.3, HAR506（https://rubinmuseum.org/collection/artwork/the-fifth-dalai-lama-ngagwang-lobzang-gyatso-1617-1682）
図 10……*Сборник договоров России с Китаем. 1689–1881 гг.*, СПб: Министерства иностранных дел, 1889.
第 2 章扉……劉錚雲主編『知道了 ―― 硃批奏摺展』国立故宮博物院，2004 年
図 11*……『詳説世界史 B』山川出版社，2015 年
図 13……岡本隆司『李鴻章 ―― 東アジアの近代』岩波新書，2011 年
図 14……豊岡康史・大橋厚子編『銀の流通と中国・東南アジア』山川出版社，2019 年
図 15*，図 16*，図 17……岡本隆司『近代中国史』ちくま新書，2013 年
図 18，図 19，図 30……著者作成
第 4 章扉……大英図書館所蔵（アジア歴史資料センター・大英図書館共同インターネット特別展「描かれた日清戦争 ―― 錦絵・年画と公文書」https://www.jacar.go.jp/jacarbl-fsjwar-j/smart/galle

ry/gallery018.html)
図 27*……岸本美緒『中国の歴史』ちくま学芸文庫，2015 年
図 29……宋兆霖主編『百年回眸 —— 故宮禁城及文物播遷影像特展』国立故宮博物院，2016 年
図 34……Kim Hodong, *Holy War in China: The Muslim Rebellion and State in Chinese Central Asia, 1864-1877*, Stanford University Press, 2004.
第 5 章扉……孟瓏「厳復《原富》一点歴史」『文匯報』(https://dy.163.com/article/ELF1D7S905506BEH.html)
図 35*……菊池秀明『ラストエンペラーと近代中国 —— 清末 中華民国』講談社，2005 年
図 40*……木越義則『近代中国と広域市場圏 —— 海関統計によるマクロ的アプローチ』京都大学学術出版会，2012 年
図 41……岡本隆司『袁世凱 —— 現代中国の出発』岩波新書，2015 年

表 1，表 2……著者作成

作図：前田茂美(iv 頁地図，図 5，図 7，図 11，図 13〜図 17，図 27，図 35，図 40，図 41)

岡本隆司

1965年生まれ．京都大学大学院文学研究科博士後期課程単位取得退学．博士(文学)．
現在―京都府立大学文学部教授
専攻―近代アジア史
著書―『李鴻章 ―― 東アジアの近代』，『袁世凱 ―― 現代中国の出発』(岩波新書)
『近代中国と海関』，『属国と自主のあいだ ―― 近代清韓関係と東アジアの命運』，『中国の誕生 ―― 東アジアの近代外交と国家形成』(名古屋大学出版会)
『叢書 東アジアの近現代史 第1巻 清朝の興亡と中華のゆくえ ―― 朝鮮出兵から日露戦争へ』(講談社)
『近代中国史』，『世界史序説 ―― アジア史から一望する』(ちくま新書)
ほか

「中国」の形成 現代への展望
シリーズ 中国の歴史⑤ 岩波新書(新赤版)1808

2020年7月17日 第1刷発行
2023年1月25日 第5刷発行

著 者 岡本隆司《おかもとたかし》

発行者 坂本政謙

発行所 株式会社 岩波書店
〒101-8002 東京都千代田区一ツ橋2-5-5
案内 03-5210-4000 営業部 03-5210-4111
https://www.iwanami.co.jp/

新書編集部 03-5210-4054
https://www.iwanami.co.jp/sin/

印刷・精興社 カバー・半七印刷 製本・中永製本

ISBN 978-4-00-431808-8 Printed in Japan

岩波新書新赤版一〇〇〇点に際して

ひとつの時代が終わったと言われて久しい。だが、その先にいかなる時代を展望するのか、私たちはその輪郭すら描きえていない。二〇世紀から持ち越した課題の多くは、未だ解決の緒を見つけることのできないままであり、二一世紀が新たに招きよせた問題も少なくない。グローバル資本主義の浸透、憎悪の連鎖、暴力の応酬——世界は混沌として深い不安の只中にある。

現代社会においては変化が常態となり、速さと新しさに絶対的な価値が与えられた。消費社会の深化と情報技術の革命は、種々の境界を無くし、人々の生活やコミュニケーションの様式を根底から変容させてきた。ライフスタイルは多様化し、一面では個人の生き方をそれぞれが選びとる時代が始まっている。同時に、新たな格差が生まれ、様々な次元での亀裂や分断が深まっている。社会や歴史に対する意識が揺らぎ、普遍的な理念に対する根本的な懐疑や、現実を変えることへの無力感がひそかに根を張りつつある。そして生きることに誰もが困難を覚える時代が到来している。

しかし、日常生活のそれぞれの場で、自由と民主主義を獲得し実践することを通じて、私たち自身がそうした閉塞を乗り超え、希望の時代の幕開けを告げてゆくことは不可能ではあるまい。そのために、いま求められていること——それは、個と個の間で開かれた対話を積み重ねながら、人間らしく生きることの条件について一人ひとりが粘り強く思考することではないか。その営みの糧となるものが、教養に外ならないと私たちは考える。歴史とは何か、よく生きるとはいかなることか、世界そして人間はどこへ向かうべきなのか——こうした根源的な問いとの格闘が、文化と知の厚みを作り出し、個人と社会を支える基盤としての教養となった。まさにそのような教養への道案内こそ、岩波新書が創刊以来、追求してきたことである。

岩波新書は、日中戦争下の一九三八年一一月に赤版として創刊された。創刊の辞は、道義の精神に則らない日本の行動を憂慮し、批判的精神と良心的行動の欠如を戒めつつ、現代人の現代的教養を刊行の目的とする、と謳っている。以後、青版、黄版、新赤版と装いを改めながら、合計二五〇〇点余りを世に問うてきた。そして、いままた新赤版が一〇〇〇点を迎えたのを機に、人間の理性と良心への信頼を再確認し、それに裏打ちされた文化を培っていく決意を込めて、新しい装丁のもとに再出発したいと思う。一冊一冊から吹き出す新風が一人でも多くの読者の許に届くこと、そして希望ある時代への想像力を豊かにかき立てることを切に願う。

（二〇〇六年四月）